JN139743

校閲記者の目

あらゆる
ミスを見逃さない
プロの技術

毎日新聞校閲グループ

毎日新聞出版

校閲記者の目

あらゆるミスを見逃さないプロの技術

はじめに

どんな仕事も、それを続けている人は、モチベーションを保つための「何か」を持っているものだと思います。お金のため、出会いのためなどなど、それは人によって違うでしょう。

あるとき、毎日新聞校閲グループの一人が「なぜ校閲をやろうと思ったか」を部員に聞いて回りました。

すると、ほとんど例外なく「日本語そのものに興味がある」「新聞は正確であるべきだ」の2本の柱が根底にありました。この柱から、辞書を何冊も開いて比べたり、数字一つに疑問を抱いて調べ抜いたりといった校閲記者ならではの姿勢、取り組みが生まれるのでしょう。ニュースを発掘して伝えることを重んじる「記者」や、その情報のまとめ方や見せ方に手腕を発揮する「編集者」とも、そこは違います。

夜討ち朝駆けで取材に走り回る記者とは違い、見た目も地味だと思います。毎日机の上で原稿に取り組み、社外に出ることもありません。校閲者を主人公にした小説やドラマがありましたが、それがなければ、新聞は毎日だれかが校閲しているということも、世間では意識されなかったかもしれません。しかし、校閲という存在すら知られていないということは、校閲が機能した結果と言えるのです。

読者にとって、新聞が使っている字は正しいはずですし、内容に間違いがなくて当たり前のことと思います。校閲は、その当たり前のことを、ひたすら守る仕事です。つまり、私たちは紙面を守る「ゴールキーパー」とも言えます。誤りを見逃す＝失点しても、自ら点を取りに行って挽回するようなことはできません。けれど、0点に抑えることはできる、負けない試合をすることはできるのです。これこそ校閲の存在意義です。日々さまざまなシュートが飛んできますし、阻止する方法も毎回違います。本書は、その実例をまとめたものです。

この中には、一般的に必ずしも間違いとされないけれども、毎日新聞のルールに従って直しているものも含まれます。とはいっても毎日新聞が勝手に決めているわけではなく、辞書や、日本の国語政策の裏付けのあるものです。また、誤解を招く表現や事実関係の誤りについては、必ず出稿元の確認を取った上で直しを入れています。

時には、言葉の俗な使い方について指摘すると「えっ、そう？　みんな言ってるけどね」と疑問を示されることもあります。そういう場合は辞書を数冊調べた上で、新聞では規範的な日本語を使うよう読者も求めていることを説明します。なお本書で引用した辞書は２０１７年夏時点の最新版の記述に基づいています。

日本語は歴史があって示唆に富み、表現力が高く実に素晴らしい言語です。一方で誤りや取り違えも多くなるものですが、読者のことを考えれば、正確で伝わりやすい言葉を選ぶべきであり、そのために必要なのが「校閲記者の目」です。

「そうだったんだ」とびっくりしたり「そこまで考えなければならないのか」と気づいたり。ひととき、新人の校閲記者になった気分でお楽しみいただければ幸いです。

毎日新聞校閲グループ

目次　校閲記者の目　あらゆるミスを見逃さないプロの技術

第2章 「熟考」をなぜ「塾考」にミスパンチ？ 誤字・異字同訓

第3章

「1人前」と「一人前」で意味が違う
数字・単位・記号

第4章　イメージ先行？「花向け」「悪どい」事実誤認・覚え違い

第5章　「雨模様」は降っている？　いない？　表現のニュアンス

第6章 品川区の目黒駅、港区の品川駅
固有名詞の落とし穴

第7章 「再選する」？「再選される」？ 文法と文脈

第1章

校正おそるべし

「間違い紙面」で校閲力チェック

日本人は今日も「活字」中毒

現代は「活字離れ」と言われますが、文章や文字に親しむ人は、昔よりはるかに増えているのではないでしょうか。

例えば、テレビをつければテロップが出ます。パソコンも、ヘルプ機能を押せば、画面ぎっしりに説明が出ます。ソーシャル・ネットワーキング・サービス（ＳＮＳ）やメールでも、文字情報が飛び交います。

「活字」は活版印刷で用いられる文字の型、それによって印刷した文字、そして広く印刷物を指しますが、活字でない「文字情報」は街の看板、電信柱の住居表示、パソコンやスマートフォンの画面などにあふれています。インターネットからは動画や写真、図といった情報も得ていますが、メモリーの容量に縛られず見られるのはやはり文字情報でしょう。電車の中で端末を見ている人たちの多くは文字を追っています。ある意味、一日中文字ばかり見ているといえるのではないでしょうか。

ただし、そこに流れる文字や情報は、必ずしも正しいとは限りません。特に、個人のブログはもちろん、企業・団体のウェブサイトにも誤字や不適切な表現は少なくありません。「校正・

校閲」の機能が十分働いていないことが原因と思われます。

そこで、例えば広報・広告関係の雑誌でも「校正・校閲」の特集が組まれるなど、以前にも増して校閲は注目されるようになっています。

毎日新聞でも、数年前から校閲の仕事が格段に増えました。

校閲は、「文書や原稿などの誤りや不備な点を調べ、検討し、訂正したり校正したりする」（大辞泉）という仕事です。日々時間の制約と闘いながら、原則として広告などを除く全紙面に目を通し、間違いがないか調べ、できるかぎり「誤りや不備な点」のない紙面を読者に届けるよう努めています。

新聞社は１９９０年代からウェブでも情報を発信するようになりました。当初は新聞記事の情報を流すことが主でしたが、ウェブのみの記事も発信するようになります。紙媒体が「主力商品」である新聞社ですが、ウェブ情報についても「新聞社発」ならではの信頼性が求められることから、校閲の目を通すことが必要と考えられるようになったのです。毎日新聞では２０09年４月から、それまで仕事の片手間やボランティア的に見てきたウェブ情報について、勤務体制を組んで校閲しています。

新聞社にとって、ウェブメディアとどう共存するかは大きな課題となっています。さらには、

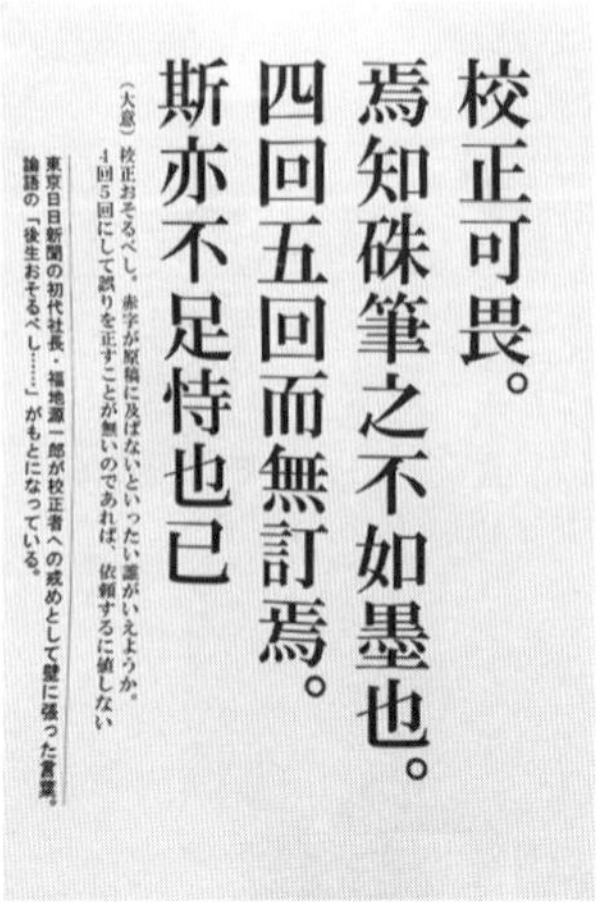
校正可畏。
焉知硃筆之不如墨也。
四回五回而無訂焉。
斯亦不足恃也已

（大意）校正おそるべし。赤字が原稿に及ばないといったい誰がいえようか。
4回5回にして誤りを正すことが無いのであれば、依頼するに値しない

東京日日新聞の初代社長・福地源一郎が校正者への戒めとして壁に張った言葉。
論語の「後生おそるべし……」がもとになっている。

「校正可畏（校正おそるべし）」は、論語の一節をもじったものである

紙とウェブの膨大な量の情報に、いかに効率よく校閲の目を通すかといった問題の解決も急務なのです。

「校正可畏」とは

毎日新聞東京本社の校閲グループの入り口には、上の写真の漢文が張ってあります。

これは毎日新聞の前身である東京日日新聞の初代社長、福地源一郎（桜痴）の言葉です。現代語訳すれば「校正はおそろしいものである。赤字が原稿に及ばないといったい誰がいえようか。４回５回（の再校）にして誤りを正すことが無いのであれば、依頼するに値しない」といったところでしょうか。

福地は、校正の悪さに腹を立ててこの漢文を紙に大書して校正担当者のそばの壁に張りだした、と著書『懐往事談　附新聞紙実歴』（１８９４年、民友

社）で語っています。

この漢文は、論語の一節「子曰　後生可畏　焉知来者之不如今也　四十五十而無聞焉　斯亦不足畏也已矣」をもじったものです。「後生（＝後から生まれてくる人、後進の者）はおそるべき存在だ。今の我々ほどになれないなどと誰が言えるだろう。ただし、40歳や50歳になっても世間に知られないようなら、おそれるに足らない」といった意味です。

これが最も古い用例かは定かではありませんが、１２０年以上前に「校正おそるべし」という言葉は存在し、以後、校正ミスのおそろしさを説いた言葉として使われるようになりました。

福地はこればかりでなく、紙面に誤りの多いことに気づき、自分の収入を割いて優秀な校正者を招いたり、校正者を３パターンに分類したりして、並々ならぬ思いを校正に抱いていたようです。校正の大事さに対する先見の明があったといえるでしょう。

現在でも、先の張り紙がある校閲グループの前で、見学者に対し案内人は「ここでＯＫになって初めて新聞が印刷に回る、最後の関門です。とても大切な仕事です」などと紹介しています。「校閲」と仕事の名称が変わり、「調べる」という意味もある「閲」の字にふさわしく、仕事の中身もインターネットなどを駆使して膨大な情報をチェックするようになりましたが、それでも「校正おそるべし」という精神は今に生きているのです。

トランプ米大統領の勝利「号外」をチェック

紙の新聞の売り上げが落ちているとはいえ、新聞社の仕事に興味を持つ方はまだまだ多いようで、見学者は毎日訪れます。新聞ができるまでの過程でさまざまな職種がかかわりますし、日々の新たな出来事に応じて作っていく活気ある様子は興味を引くようです。その中で、特に中高生の方には校閲の講座を設けて「校閲体験」をしていただくこともあります。

また、社内の研修の折や大学生のインターンシップでも校閲の講座があり、校閲の仕事の説明だけでなく、実際にダミー紙面を使ってより校閲の仕事を「実感」してもらえるような機会を設けています。

さて、この本の読者の方にも、ちょっとだけ「校閲体験」をしていただきましょう。

次の「号外」は２０１６年11月の米大統領選の記事を使ってつくりました。実際に読者に配られたわけではなく（配られたら大変！）、あえて間違いを仕込んだダミー紙面ではありますが、校閲記者にとって「そうそう、よくある」というものばかりです。

後のページで解説しますので、読んで誤りやおかしなところがないかチェックしてみてください。

（この新聞は校閲作業体験のために作られたものです。記事には誤りがあります）

2016年（平成28年）11月10日（木）　毎　日　新　聞

MAINICHI

毎日新聞

11月10日（木）

2016年（平成28年）

発行所：東京都千代田区一ツ橋１－１－１

毎日新聞東京本社

号外

米大統領 トランプ氏

8年ぶり民主奪還

クリトン氏破る

米大統領選の勝利演説をするドナルド・トランプ氏
＝米ニューヨークで8日、AP

【ワシンントン毎日太郎】米大統領選は8日、投開票された。米メディアによると、共和党候補の実業家、ドナルド・トランプ氏(70)が東部時間9日朝（日本時間10日夜）の段階で激戦州の南部フロリダなど全50州中29州を固め、勝利に必要な選挙人数２７０人を超える２９０人を確保し初当選を確実にした。トランプ氏は9日末明に地元の東部ニューヨーク州で演説し「全国民の大統領になる。米国を再建しアメリカンドリームを復活させる」と勝利宣言した。

政治や行政経験、軍暦のない異色の大統領が誕生した。共和党は8年ぶりの政権奪還で、８日投開票の連邦議会選挙でも上下両院で多数派を維持した。

初の女性大統領を目指した民主党候補のヒラリー・クリントン前国務長官(69)は党地盤の東部ペンシルベニア州で破れるなどし、獲得選挙人数は２１８人にとどまっている。９日末明にトランプ氏に電話して敗北を認めた。

トランプ氏は第45代大統領として来年1月、副大統領候補のマイク・ペンス氏(57)とともに就任する。この時点で70歳4カ月と歴代最高齢。勝利演説では選挙中の激しい中傷合戦を念頭に「分断の傷を癒やす時だ」と呼びかけた。外交面では「常にアメリカを第一に考えるが、すべての国を公平に扱う」と述べた。

選挙選では、企業減税やオバマ政権による医療保険制度改革（オバマケア）撤廃などを主張。日本など同盟国は米軍駐留経費の負担増を要求し、米軍撤退や核武装容認にも言及して物議を醸し出した。メキシコ国境の「壁」建設やイスラム教徒の入国禁止などの主張も一部有権者の共感を集めた。

ドナルド・トランプ氏　１９４６年6月14日、ニューヨーク出身。米ペンシルベニア大ウォートン校卒。父親から不動産業を引き継ぎ、ホテル経営などにも成功。テレビ番組への出演で全米で知名度を上げた。妻メラニアさん、前妻、元妻との間に子供５人。

©AP ／ アフロ

間違いがいくつあるかはお知らせしません。なぜなら、常にいくつあるか、あるかどうかさえわからない中で校閲しているからです。クイズのようなものでは「間違いが七つあります。さあどこでしょう」というように問いかけられますが、それはうらやましいことです。7とわかっていれば、7カ所見つければ済むこと。しかし、校閲は0かもしれないし100カ所かもしれない、100カ所見つけて安心していたらまだあった——という仕事なのです。

とはいえ、校閲をしたこともなければ新聞記事を読み慣れてもいないという方が多いでしょうから、「10カ所以上」とだけお知らせしますね。明らかにどう直すべきかわかるところもありますが、「怪しい」けれども、どう直せばよいかは判断できないような箇所もあります。それは「なんとなく怪しい」ではなく、「必ずいずれかが間違っている」というような根拠ある「怪しい」です。

・一文字一文字見る

文章を読み慣れるにつれて、文字でなく言葉の塊、文の塊で見て意味を捉えるようになるものです。しかし、校閲の際にこのような読み方をすると、誤字・脱字を見逃してしまって「しまった、読んじゃった」と悔やむことになります。校閲記者は文字の横に線を引いたり文字を丸で囲んだりしながら一文字一文字読み進めます。

・複数の箇所を見比べる

校閲記者は調べられるだけ調べて確かめますが、ここでは調べなくてもわかりそうなものを「用意」しました。つまり、「常識」と、この紙面の中の情報だけで気づいてほしい——というものです。矛盾がないか複数の箇所を見比べたりすることが必要です。

・数字や固有名詞の誤りは致命的

数字や固有名詞の誤りはあってはならない致命的なものです。小さな数字も見逃さないようにしましょう。

ここでは、枠の左上にある日付の通り２０１６年11月10日に配られた紙面という想定です。

さて、どんなところに気づきましたか。

「校閲体験」解説

校閲として直す、または疑問点として出稿元に確かめるべき箇所は以下の通りです。

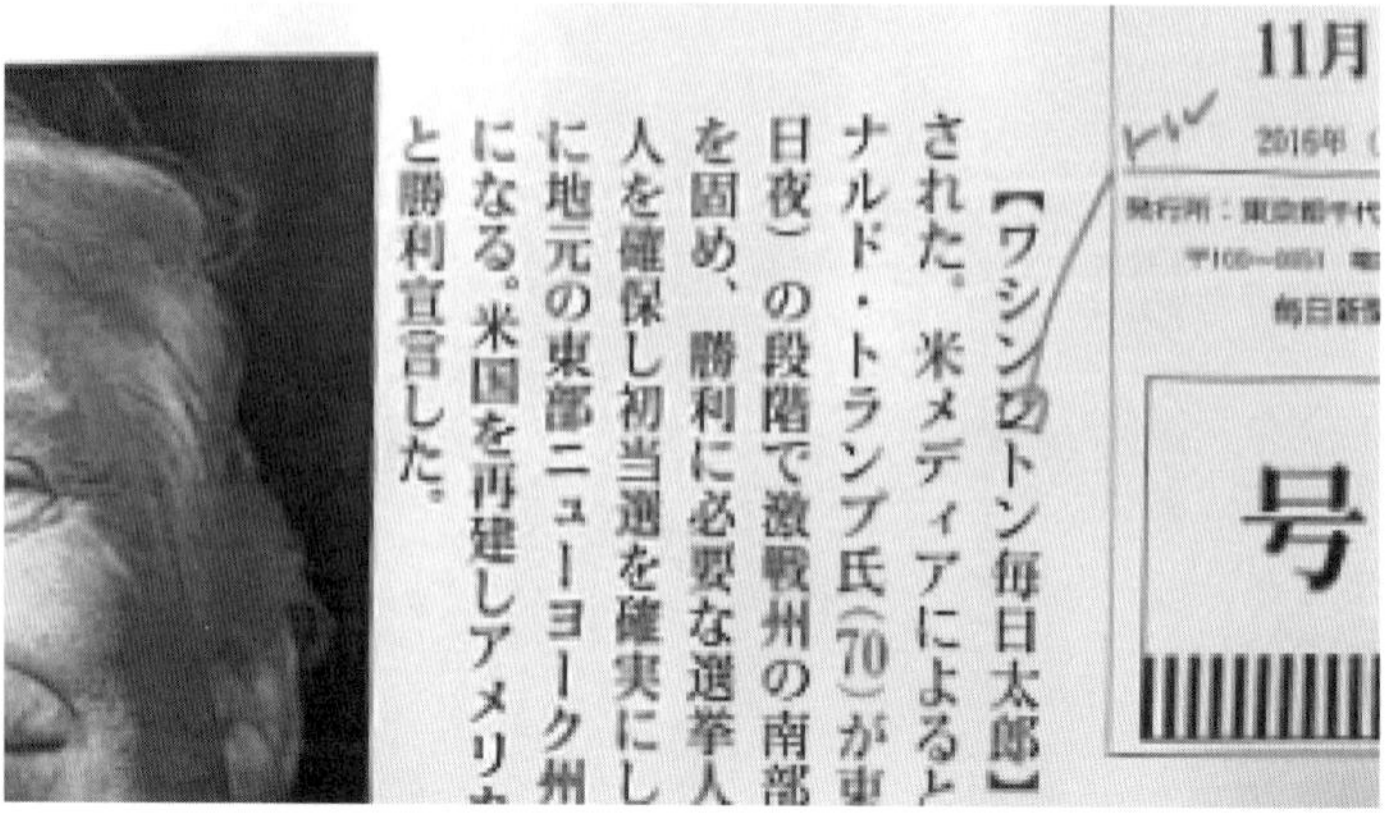
11月
2016年
発行所：東京都千代
〒100-0051
毎日新
号
【ワシンントン毎日太郎】
された。米メディアによる
ナルド・トランプ氏（70）が
日夜）の段階で激戦州の南部
を固め、勝利に必要な選挙人
人を確保し初当選を確実にし
に地元の東部ニューヨーク州
になる。米国を再建しアメリ
と勝利宣言した。

①の修正

まずは本文から。

①ワシンントン→ワシントン

【　】で囲まれた部分は発信地と書いた記者名（架空）です。常識的な地名なのにこういった誤りが見逃されるのは、警戒しにくい署名部分であること、知っている地名だから注意深く見ないことが原因でしょうか。そのようなことがないように、校閲記者は赤ペンで線を引きながら一文字一文字見るように努めています。20年ほど前、ワシントン駐在のある記者がどうも「ワシンントン」と発信地名を打ったまま使い回していたらしく、校閲で毎回直すはめになっていました。何度か見逃されて紙面化されたことも……。

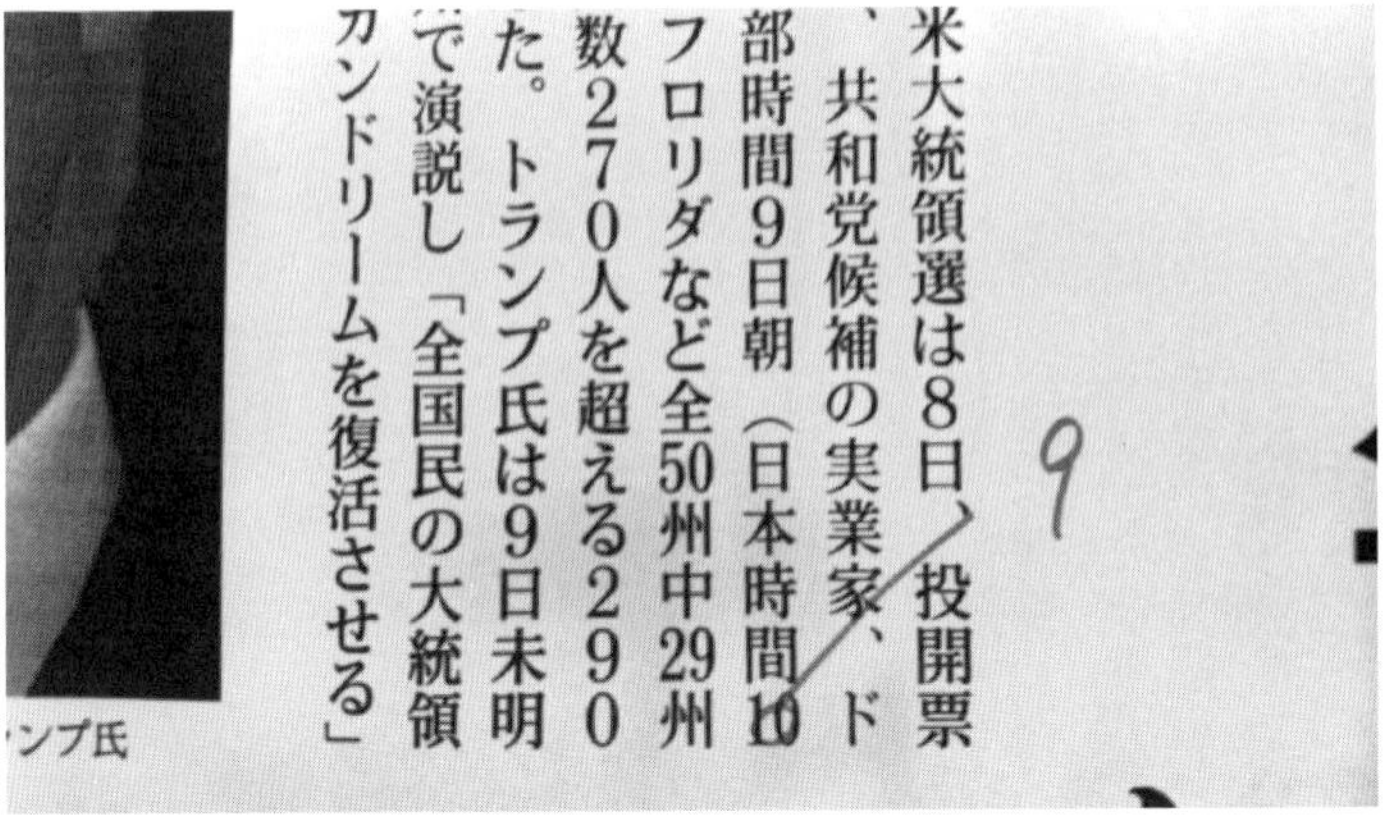
米大統領選は8日、投開票
、共和党候補の実業家、ド
部時間9日朝（日本時間10
フロリダなど全50州中29州
数270人を超える290
た。トランプ氏は9日未明
で演説し「全国民の大統領
カンドリームを復活させる」
ンプ氏

②の修正

②日本時間10日夜→日本時間9日夜

日付は新聞記事にとって重要な要素ですが、誤りやすくもあります。時差はやっかいで、毎日新聞の表記のよりどころである『毎日新聞用語集』に載っている時差表を見て確認しています。ここでは時刻が書いてあるわけではなく、時差表を見るほどではありません。9日朝と10日夜とでは、丸一日より長くなってしまいます。地球一周を超えてしまう?と気づけばよいのです。または、号外が配られる時間帯にもよりますが、10日の紙面に日本時間10日夜のことが入るだろうかといった視点もあるとよいでしょう。ちなみにこの文では現地時間も日本時間も9日なので「10日」を「同日」と直しても構いません。

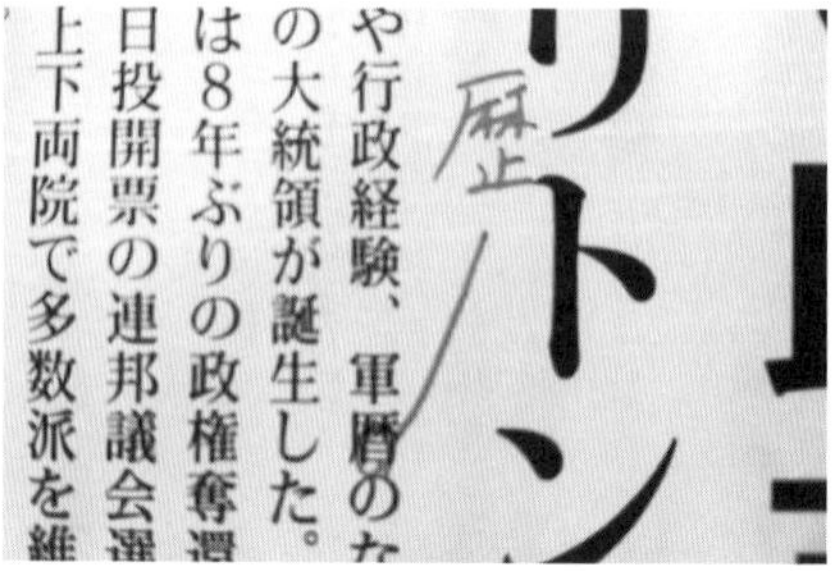

③の修正

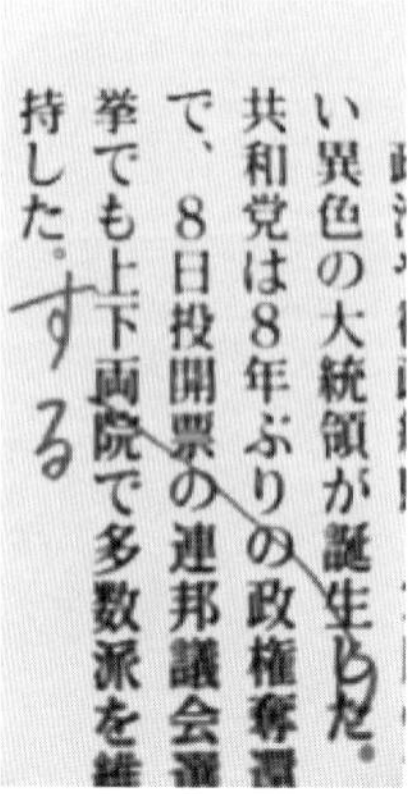

④の修正

③軍暦→軍歴

似た字なのでうっかり見逃しそうです。軍隊や軍人としての「経歴」の意味ですから「歴」ですね。こよみ、カレンダーの「暦」とは関係ありません。「校閲歴25年」のように「○○歴」とよく使いますが、その場合には特に変換ミスに注意が必要です。

④誕生した→誕生する

確かに当選を確実にはしたのですが、この時点では大統領が「誕生した」と言うにはまだ早いので、未来形に直します。後を読むと翌年1月に就任するということが書かれています。正確に言えば、12月の選挙人による投票、翌年1月の開票までは「当選」さえしていません。

新聞ではできるだけ正確に書くようにしており、

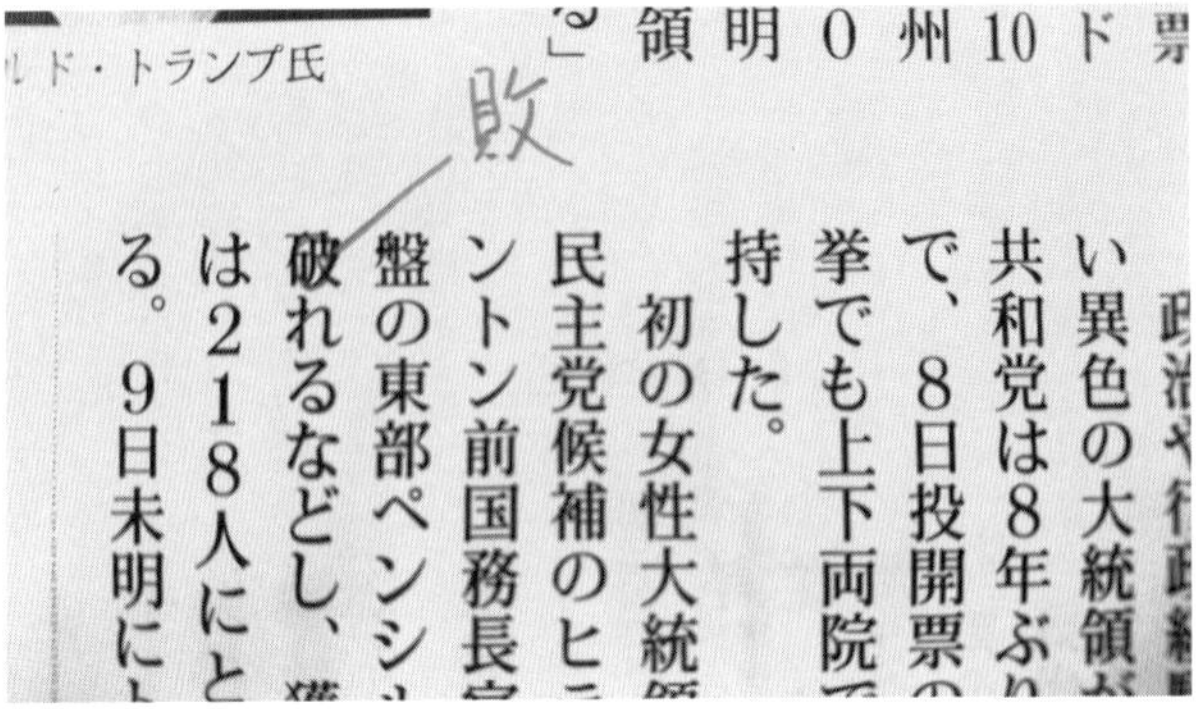

⑤の修正

例えばノーベル賞も、10月に発表されて日本人に決まると新聞は大きく取り上げますが、授賞式は毎年ノーベルの命日12月10日なので、それまでは「受賞した」でなく「受賞が決まった」などと工夫しています。

⑤破れる→敗れる

「破る」が敵を負かすことなので、その逆は「破れる」？　「破れる」は「紙が破れる」「均衡が破れる」のように「裂ける」「壊れる」といった意味。ここは敗北の敗で「敗れる」としましょう。

⑥とともに就任する→とともに就任する

単純な文字のダブりですが、見逃した方も多いのではないでしょうか。このように行がわりのところ

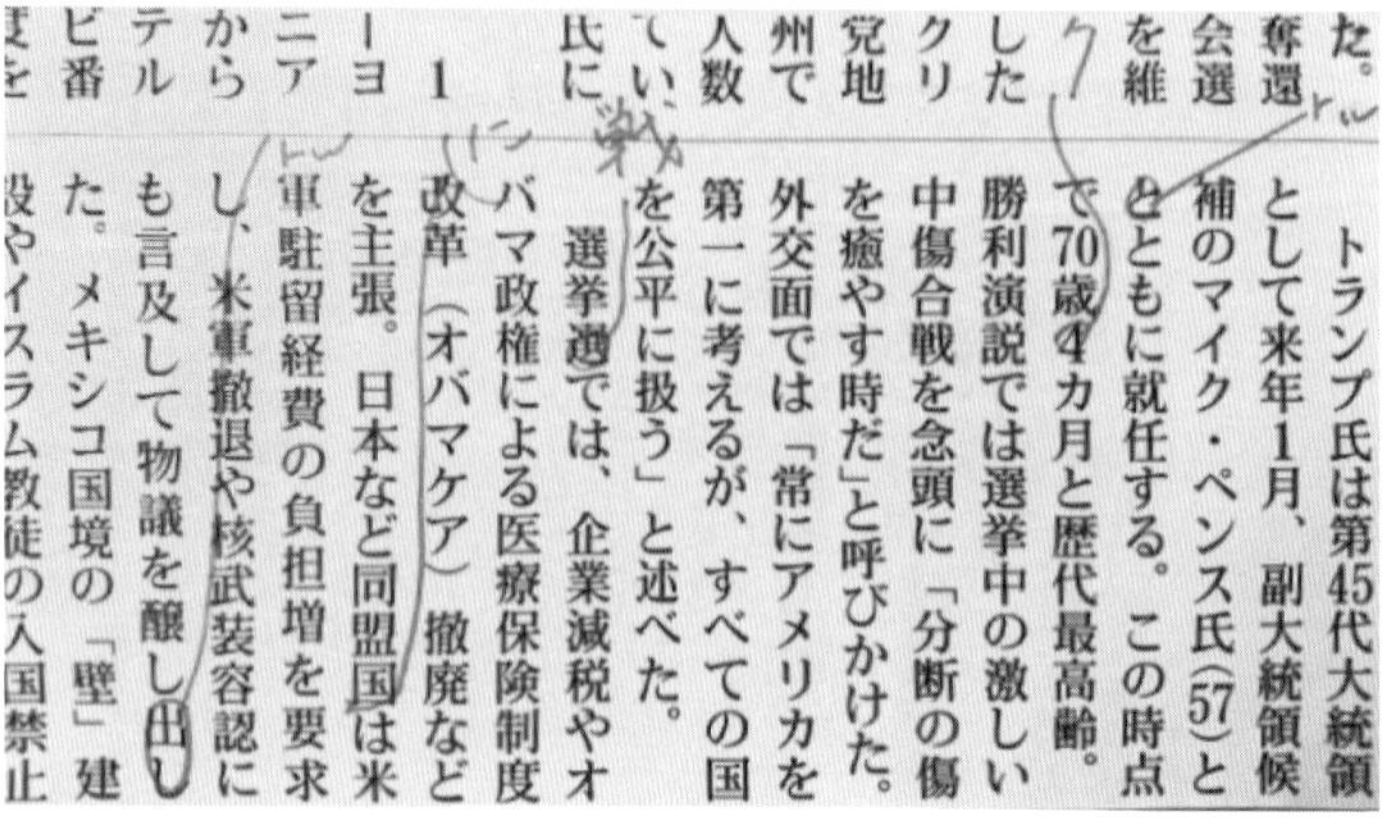
た。奪還会選を維したクリ究地州で人数氏にてい1ーヨニアからテルビ番まを

トランプ氏は第45代大統領
として来年1月、副大統領候
補のマイク・ペンス氏(57)と
とともに就任する。この時点
で70歳4カ月と歴代最高齢。
勝利演説では選挙中の激しい
中傷合戦を念頭に「分断の傷
を癒やす時だ」と呼びかけた。
外交面では「常にアメリカを
第一に考えるが、すべての国
を公平に扱う」と述べた。
　選挙適では、企業減税やオ
バマ政権による医療保険制度
政革（オバマケア）撤廃など
を主張。日本など同盟国は米
軍駐留経費の負担増を要求
し、米軍撤退や核武装容認に
も言及して物議を醸し出し
た。メキシコ国境の「壁」建
設やイスラム教徒の入国禁止

⑥⑦⑧⑨⑩の修正

に文字のダブりや抜けがあると気づきにくく、冷や汗をかいた経験は何度も。「校閲記者を試そうと、記者はわざと行がわりのところでダブらせたのでは」と言いたくなってしまいます。

⑦70歳4カ月→70歳7カ月

もちろん校閲記者は生年月日を調べた上で確認しますが、調べられなくても略歴のところと見比べれば、少なくともここか略歴のどちらかが誤っているとわかります。気をつけなければならないのは「来年1月」の時点でという文脈であること。略歴の生年月日が正しいとすると、投開票日時点では70歳4カ月。ここでは就任が1月の何日かまでは書かれていませんが米大統領の就任式は1月20日と決まっており、「70歳7カ月」になっているはずです。就任式の日を知らなくても、少なくとも「生年月日と『70歳４カ月』は矛盾する」と気づいて出稿元に問い合わせればよいのです。

⑧選挙選↓選挙戦

これは記者がよく犯す変換ミスです。「選挙」で「選」ばれるから？　なんだかダブり感がありますね。「選挙に当選するために、候補者どうしが激しく争うこと」（デジタル大辞泉）という意味の「選挙戦」です。

⑨日本など同盟国は↓日本など同盟国には

文章として一見おかしなところはなさそうです。しかし、日本が駐留経費の負担増を「要求し」たのでしょうか。核武装容認などに「言及し」たのでしょうか？　よく読めば、省略されていますが主語はトランプ氏で、日本など同盟国「に」要求したと考えられます。助詞一つで大違いです。

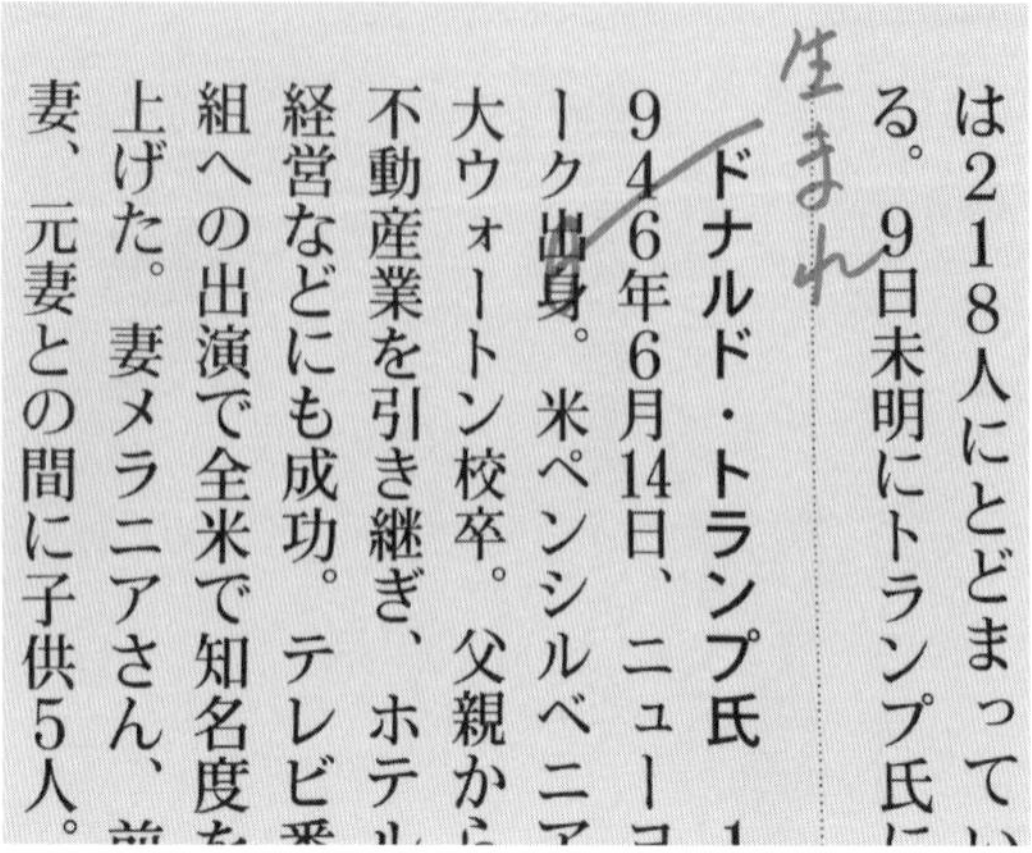

は218人にとどまってい
る。9日未明にトランプ氏に
生まれ
ドナルド・トランプ氏　1
946年6月14日、ニューヨ
ーク出身。米ペンシルベニア
大ウォートン校卒。父親から
不動産業を引き継ぎ、ホテル
経営などにも成功。テレビ番
組への出演で全米で知名度を
上げた。妻メラニアさん、前
妻、元妻との間に子供5人。

⑪の修正

⑩物議を醸し出した↓物議を醸した

「醸す」でも「醸し出す」でも同じように見えるかもしれませんが、「醸し出す」は「〈ある気分などを〉なんとなく作り出す」（三省堂国語辞典）という意味。「物議」なら、「もとになる。起こす」（同）といった意味の「醸す」との組み合わせになります。

次に、本文以外のところを見ていきます。トランプ氏の略歴はどうでしょう。

⑪ニューヨーク出身↓ニューヨーク生まれ

出身と書いてはいけないということではありません。「1946年6月14日」は生まれた日を言うわけですが、「出身」は必ずしも生まれた所とは限りません。出生地を指して出身と言う人もいれば、出生地ではないけれど幼少期に長く過ごした所を出身

実にした。トランプ氏は９日未明
ーク州で演説し「全国民の大統領
メリカンドリームを復活させる」

米大統領選の勝利演説をするドナルド・トランプ氏
＝米ニューヨークで８日、AP

⑫の修正

と言う人もいて、幅の広い概念です。ですから生年月日とまとめて言うのにはちょっと合わないのです。ここで、トランプ氏の出生地がニューヨークであるかどうかを出稿元に確認しなければなりません。出生地と確認できれば「ニューヨーク生まれ」と直せばよいですし、出生地は別の場所、もしくは確認できない場合には「１９４６年６月14日生まれ、ニューヨーク出身」とすればよいでしょう。

写真の下の説明書きも見てみましょう。

⑫８日→９日

写真説明は本文と照合することが必要です。ＡＰ通信からの原稿が正しくても、紙面の編集者がそれを打ち間違えることもあります。本文に「９日未明……演説し」とあります。本文と写真説明のどちら

⑬⑭の修正

れたものです。記事には誤りがあります）

MAINICHI

毎日新聞

11月10(木) 日

2016年（平成28年）

発行所：東京都千代田区一ツ橋１－１－１
〒100－0051 電話（03）3212－0321
毎日新聞東京本社

号外

⑮の修正

かが誤っていることになりますが、８日は投開票当日ですし、本文の９日の方が正しそうだと考えられます。

大事な見出しをチェックしましょう。

⑬民主奪還→共和奪還

見出しの文字だけ見ておかしいところがないからといって安心してはいけません。本文と丁寧に見比べましょう。「共和党は８年ぶりの政権奪還」という部分からとった見出しです。

⑭クリトン氏破る→クリントン氏破る

簡単な文字抜けですが、片仮名、それも「知っている」名であるほど見逃しがちなので注意が必要です。

また、見出しは字数が限られるので助詞を省くことがありますが、その際は読者が誤解しないように気をつけなければなりません。この場合は「共和が奪還」の「が」を省き、「クリントン氏を破る」の「を」を省いていますが、前者は「共和に奪還（された）」「共和を奪還（した）」と読まれることは考えにくく、後者を「クリントン氏が破る」と読もうとしてもやはり「だれを」が足りない感じがして不自然なので、誤解はされないだろうと判断できます。

これで終わりではありません。右上の「毎日新聞」という題字の下を見ましょう。

⑮11月10（木）→11月10日（木）

文中なら、「日」が抜けていて校閲段階で直すようなことは時々ありますが、さすがに題字下のこの部分の誤りは「そうそう、よくある」とは言い難いものです。その昔、先輩からは「欄外から見ろ」と言われたものでした。欄外は枠の外ですが、お決まりの題字やその下の日付、発行所名などにも誤りがないという保証はありません。特に、日々の紙面と違う工程でつくる号外では何が起こるかわかりません。

1カ所見逃しただけで0点

さて、いくつわかりましたか。解説を読むと、なぜこんな簡単なことに気づかなかったのだろうと思うようなところもあったのではないでしょうか。こちらが「用意」した直しの箇所以外に、「ここを直しては」というご意見があるかもしれません。そういったやりとりが本の上ではできないのは残念ですが、「よりよい文」を追求することは大切です。

講座では、参加者とこのようなやりとりをします。「全部わかった人」。一人もいません。「8割くらいわかった人」。何人か手が挙がります。そこで講師を務める校閲記者は「優秀ですね。ぜひ我が社の校閲記者に」などと（半分本気で）言うのですが、「でも、皆さん0点です」と続けます。

たとえ、99カ所直すことができても、一生懸命調べて大きな誤りを直したとしても、たった1カ所見逃して、たった1カ所誤りかおかしな表現が紙面化され、それが読者の目に触れることになれば……それは99点でなく、0点です。読者にとっては手に届いた紙面がすべてであって、校閲がその前に何カ所直したかなど全く関係のないこと。誤りが一つでもあれば、それだけで欠陥と映るからです。

なにも「間違いを書くぞ」と思って書いている記者などいません。ですから校閲のほとんどの時間は「誤っていないことを確認する」作業になります。間違い探しを7カ所限定でできれば「楽しい」かもしれませんが、「あるかないかもわからないもの」をひたすら探し続ける――それが校閲の仕事であるとも言えます。間違い探しを楽しんでいた「校閲体験」参加者も、そこで校閲の「厳しさ」を感じてくださいます。

校閲の仕事をサッカーに例えるとゴールキーパー。運が良ければゴールの枠にシュートが飛んでこない日もあるかもしれませんし、１００本シュートを放たれることもあるでしょう。どんなときでも、キーパーはひたすら「０点に抑える」ことが至上命令です。99回横っ跳びでスーパーセーブをしようとも、たった1本シュートを入れられたら、キーパーにとっては「負け」です。自ら攻撃して「点を取り返す」ことはできませんし、しません（たまにそうするキーパーもいますが）。まさに「０点に抑えることだけが１００点満点」で、そうすれば、少なくとも「負けない試合」はできる。だからこそ校閲記者がやりがいをもっているということも伝わればいいなと願っています。

ここで「体験」していただいたのはほんの一部の例です。校閲記者は日々さまざまな原稿のさまざまな誤りと格闘していますので、第２章以降は簡単に分類した上で紹介していきます。

コラム 1

校閲いろは唄

毎日新聞校閲グループの東京の職場には、1969（昭和44）年から「校閲月報」という部内報が残っています。以下に紹介するのは、1971年7月に掲載された、新聞校閲の日常が題材の「校閲いろは唄」。前文に「舞台裏で黙々と地味な仕事に専念する校閲部員の意地と誇りを五・七・五に託した」と記されています。

その一つ「泣くも笑うも時間の勝負　七十七士の目が光る」からは、当時の東京校閲の人数がうかがえます。半世紀近くを経て、新聞づくりのシステムは大きく変わり、校閲の人員は半分近くになってしまいましたが、仕事に取り組む気持ちは全く同じだと思います。時代を感じさせる専門用語などわかりにくいものを除き、ここに紹介します。

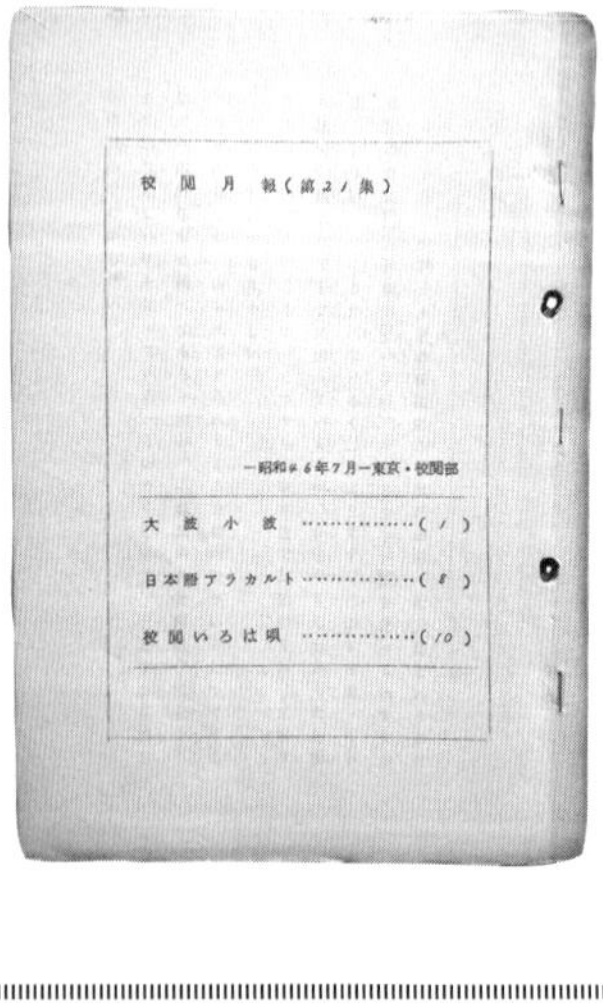

「校閲月報」（第21集）の表紙

一字一句　見落としならぬ　舞台裏
日本語で　日本人が泣く　むずかしさ
誇りある　きれいな紙面に　命かけ
ベテランも　つかいそこなう　異字同訓
地方版　おくになまりも　ごあいきょう
ルールにも　ない誤りを　人なおし
わかりよい　言葉で生きる　ニュースの目
たよりがい　校閲あって　記事が生き
創刊百年　それをささえた　赤エンピツ
積もるカン　さっと飛び出す　字句直し
熱心な　日ごろの努力が　記事ささえ

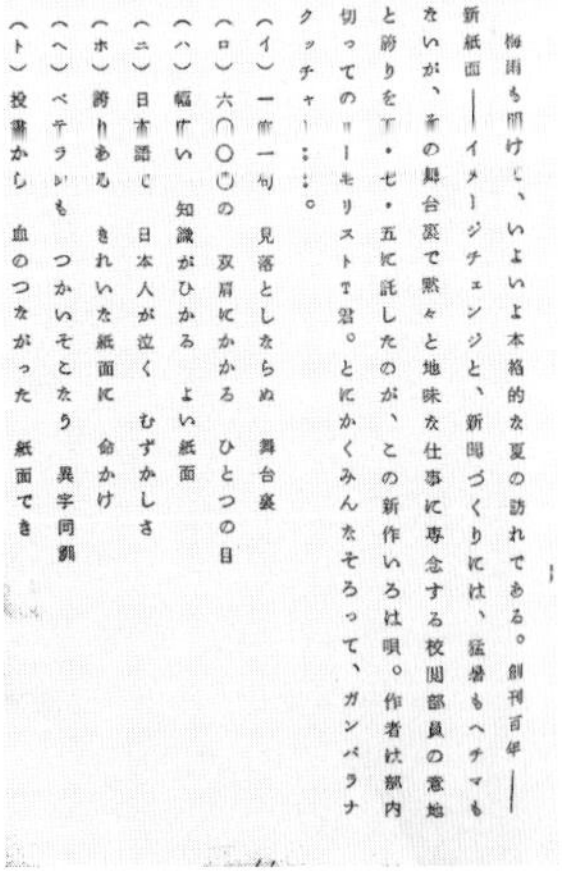
梅雨も明けて、いよいよ本格的な夏の訪れである。創刊百年――新紙面――イメージチェンジと、新聞づくりには、猛暑もヘチマもないが、その舞台裏で黙々と地味な仕事に専念する校閲部員の意地と誇りを五・七・五に託したのが、この新作いろは唄。作者は部内切ってのユーモリストT君。とにかくみんなそろって、ガンバラナクッチャ……。
（イ）一字一句　見落としならぬ　舞台裏
（ロ）六〇〇〇の　双肩にかかる　ひとつの目
（ハ）幅広い　知識がひかる　よい紙面
（ニ）日本語で　日本人が泣く　むずかしさ
（ホ）誇りある　きれいな紙面に　命かけ
（ヘ）ベテランも　つかいそこなう　異字同訓
（ト）投書から　血のつながった　紙面でき

「校閲いろは唄」のページは「梅雨も明けて、いよいよ本格的な夏の訪れである。創刊百年――新紙面――イメージチェンジと、新聞づくりには、猛暑もヘチマもないが……」という書き出しで始まる

むずかしい　言葉なおして　紙面いき

残りゲラ　組み忘れかと　気をつかい

句読点　うちまちがえて　意味くるい

やさしいと　気をゆるしたところに　落とし穴

迷う表現に　仲間の知識で　紙面いき

降版に　光る目動く手　走る足

手きびしい　読者の指摘で　知識ふえ

夢にまで　出てくる大刷り　読みきれず

見落としで　ハッと飛びおき　夢の中

スピードと　たしかな読みで　初校はけ

第2章

「熟考」をなぜ「塾考」にミスパンチ？

誤字・異字同訓

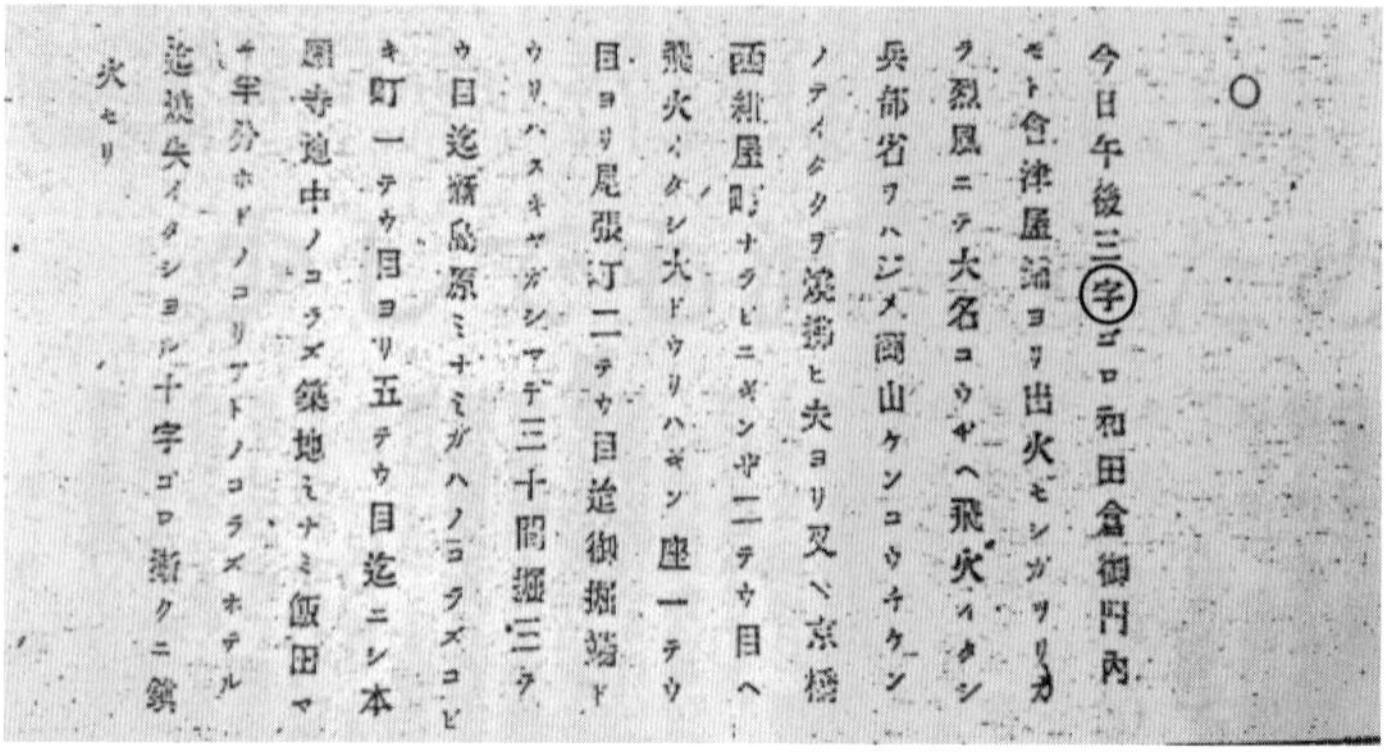
○今日午後三字ゴロ和田倉御門内モト会津屋舗ヨリ出火セシガヲリカラ烈風ニテ大名コウヂヘ飛火イタシ兵部省ヲハジメ岡山ケンコウチケンノテイタクヲ焼払ヒ夫ヨリ又ヘ京橋西紺屋町ナラビニギンザ二テウ目ヘ飛火イタシ大ドウリハギンザ一テウ目ヨリ尾張町二テウ目迄御掘端ドウリハスキヤガシマデ三十間堀三テウ目迄新肴町ミナミガハノコラズコビキ町一テウ目ヨリ五テウ目迄ニシ本願寺迄中ノコラズ築地エナミ飯田マチ半分ホドノコリアトノコラズホテル迄焼失イタシヨル十字ゴロ漸クニ鎮火セリ

明治５（1872）年２月26日の「東京日日新聞」（毎日新聞の前身）では銀座の大火を伝える記事で、現在「三時」と書く字が「三字」に（マル印部分）

1 〝誤植〟はなくなったけれど

日本最古の訂正記事

毎日新聞は現存する中でもっとも歴史の古い新聞社とされます。その前身の東京日日新聞が最初に訂正記事を出した「日本最古の訂正」は明治５（1872）年２月27日のものだそうです。

「茅六号ニ兵部省御類焼ノ由ヲ記載セシガ全ク伝聞ノ誤ニテ御長家イササカ類焼セシノミナリ」（原文は旧字体）

前日に兵部省（軍事を担当する役所）が火事で焼けたと記したのは「全くの伝聞」で誤りだったということです。伝聞を事実として報道するのはジャーナリズムとしてあってはならないこと。直ちに訂正

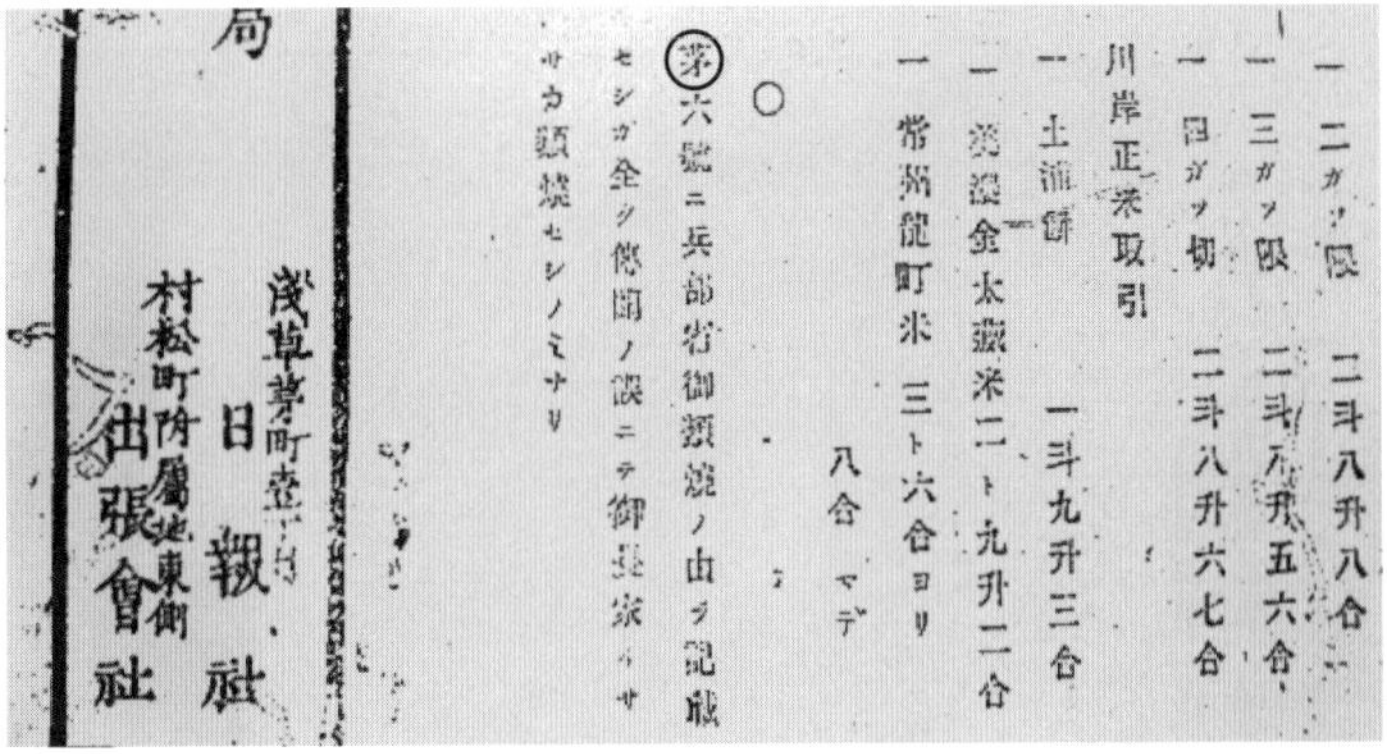

一　二ガツ限　二斗八升八合
一　三ガツ限　二斗八升五六合
一　四ガツ切　二斗八升六七合
川岸正米取引
一　土浦餅　一斗九升三合
一　淡路金太藏米二斗九升二合
一　常州龍町米　三斗六合ヨリ八合マデ
○
茅六號ニ兵部省御類焼ノ由ヲ記載セシカ全ク傳聞ノ誤ニテ御類焼ハセサリシナリ

淺草茅町壹丁目　日報社
村松町附屬地東側　出張會社

翌日、前日の兵部省が火事で焼けたとしたのは伝聞だったという訂正記事が出たが、創刊第六号（號は号の旧字）が「茅六号」になってしまった

するのは今では当然の対応ですが、当時は新聞そのものが生まれたばかりだったという事情を勘案すると、訂正掲載そのものが英断だったといっても必ずしも身びいきではないでしょう。「直ちに訂正した3行の記事が条野（伝平＝東京日日新聞創刊3人衆の一人）たちの報道に対する厳しい態度を物語る」と社史『「毎日」の3世紀』に記されています。

ところが、この訂正記事の冒頭に「茅」とあるのは「第」の誤植といえます。「第」の代わりに「弟」が使われた例もあるのですが、これは漢和辞典によると順番を表すという意味もあるので、当時としては誤りといえないようです。また訂正のもとになった記事中「午後三字」とあったのですが、「明治初期には『字』を当てることが多かった」（日本国語大辞典）そうですから「三時」の誤りとはいえませ

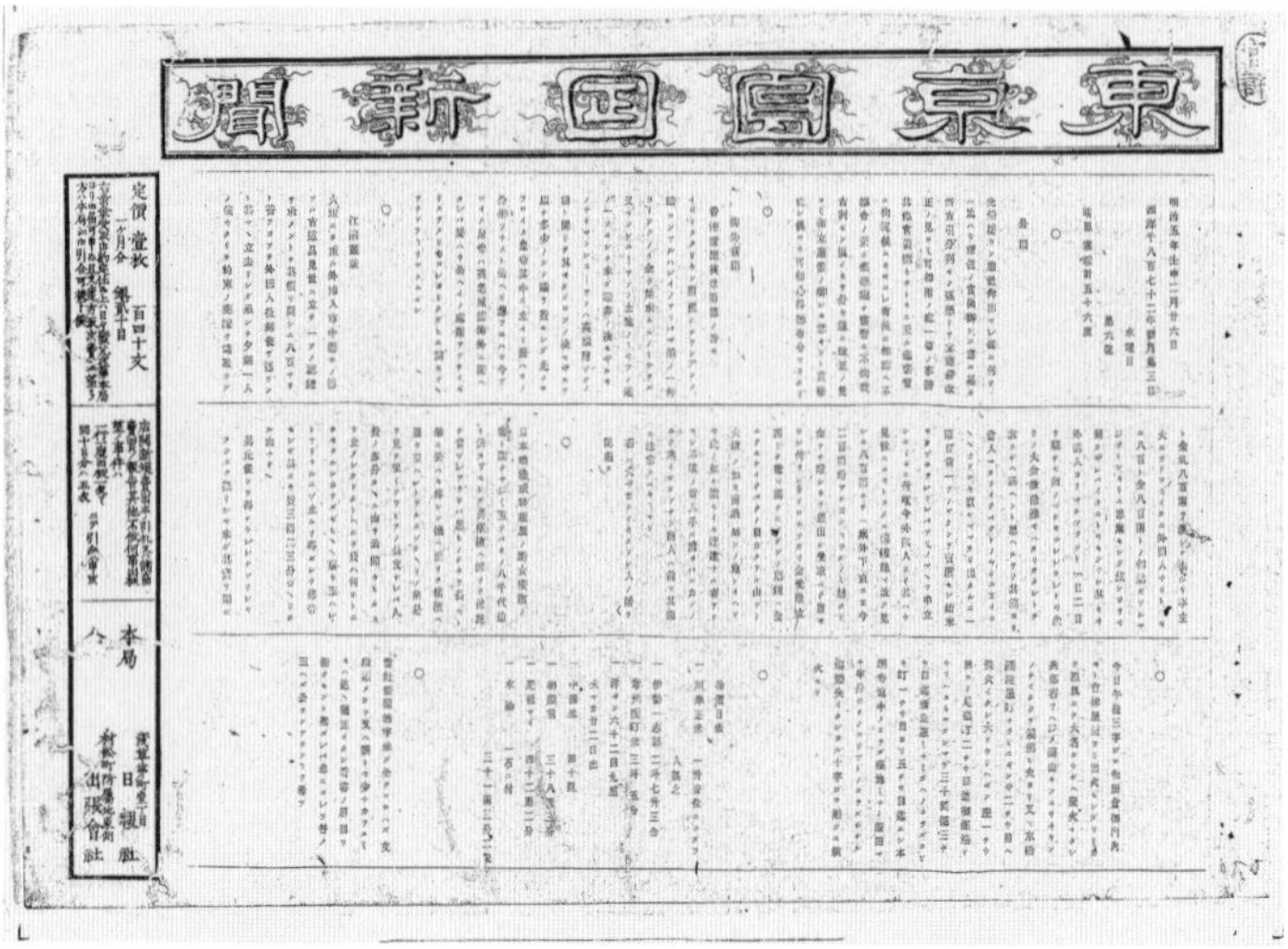
東京日日新聞

日本最古の新聞、東京日日新聞の明治５（1872）年２月26日の紙面

ん。しかし「茅」には「第」と同じ意味はなく、単なる誤りと思われます。

このようにエラーにエラーを重ねることは言語道断なので、今では訂正記事を出すときは通常の記事以上に厳重にチェックをしています。それでもなお、何重ものチェックをくぐり抜けて「訂正の訂正」が載ってしまうことが、ごくまれにですがあります。まさしく、人間の誤りには限りがありません。

達筆の記者に困らされた時代

江――口

文――父

馬――鳥

この３組に共通することは何でしょうか。「読む」のではなく、字の形を「見て」みましょう。意味は関係ありません。――そう、形が似ているのです。

達筆で書かれると、誤植の原因をつくることになる。（中略）例えば「泉三郎さん」と書いたつもりの原稿が、紙面では「白水三郎さん」に化けていたりする

毎日新聞用語集では、原稿を書く記者に対して、このようにくぎを刺しています。「乱暴な字を書かないようにしましょう」というのならともかく、「達筆すぎないように」とは、いかにもザラ紙や原稿用紙に縦で走り書きをしていた時代にふさわしいですね。数年ごとに改訂されている用語集ですが、この注意書きは１９９２年版のもの。記者がワープロで原稿を直送することが当たり前になる少し前のことです。

「誤植」の「植」は、文字を「植える」ことを表します。手書き原稿を植字工が一字一字拾って紙面に組む際に読み間違えたことから、主に起こりました。今でも、「達筆」で縦書きの手紙などでは、「公」を「ハム」、横書きでは「粧」を「米庄」と見間違えてしまうことなどは、

よく起こるのではないでしょうか。

間違えるのは、読む方も悪い（そそっかしい）のかもしれませんが、書く人が読む人のことを考えていないともいえます。手書きの私信でも、相手にとって紛らわしくないか、出す前に見直すようにするとよいと思います。

ワープロによって仮名を入力して漢字に変換することができるようになり、原稿をデータとして送るようになった今、こうした、「誤植」はなくなりました。ただし、記者が見誤って書いてしまうことはいくらでもありますから、注意が必要であることには変わりありません。

特に「荻」と「萩」は形が似ているだけに、見間違いによる誤字の定番です。

元の資料や原稿が正しくても、記者がそれを書き写したり見出しを付けたりするとき、誤認してしまうのです。こういう間違いは活版の「誤植」の時代からパソコンのワープロソフトの時代に移っても、全く減りません。

ワープロソフトのフォントにもとても紛らわしいものがあります。正調祥南行書というフォントでは「荻（おぎ）」は一見「萩（はぎ）」のようにも見えてしまいます。

川柳の投稿者の柳名で、はがきにこのフォントを使っていると思われる字があり、担当者が入力し直すときに「萩」と間違えたことが何度かありました。

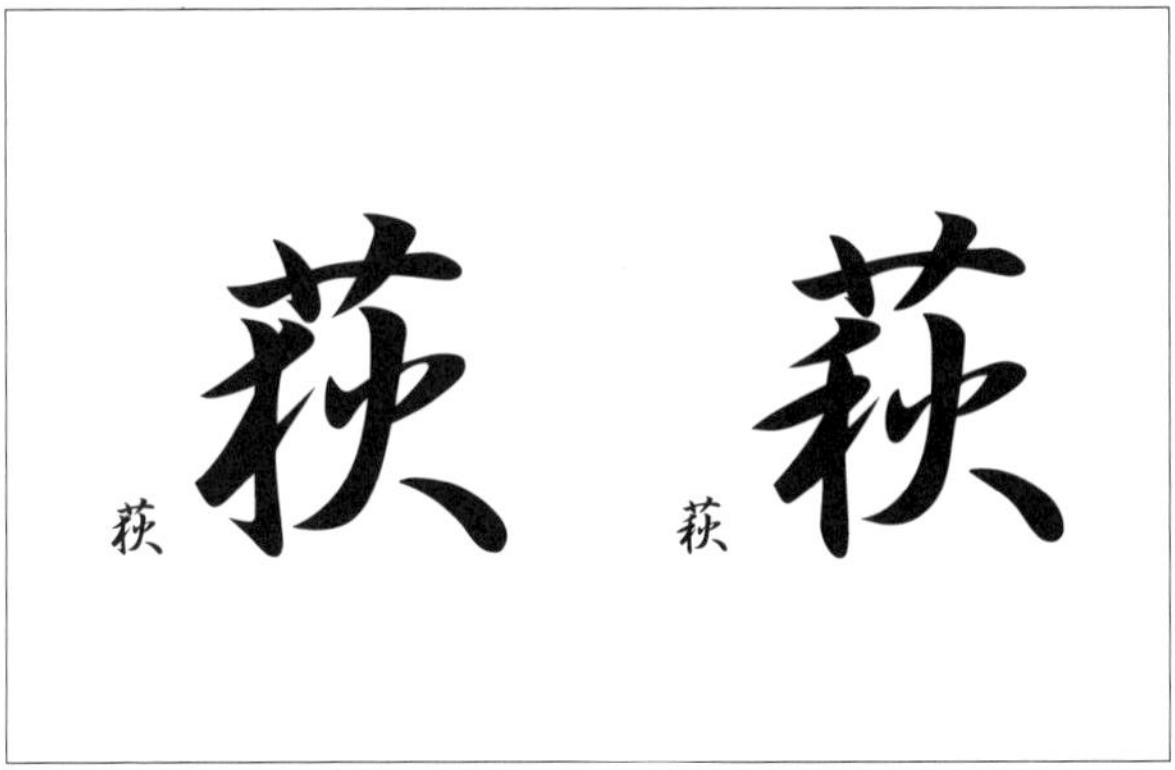

パソコンのフォント「正調祥南行書」で「おぎ」（左）、「はぎ」と入力した文字。思い切り拡大しないと違いがわからない

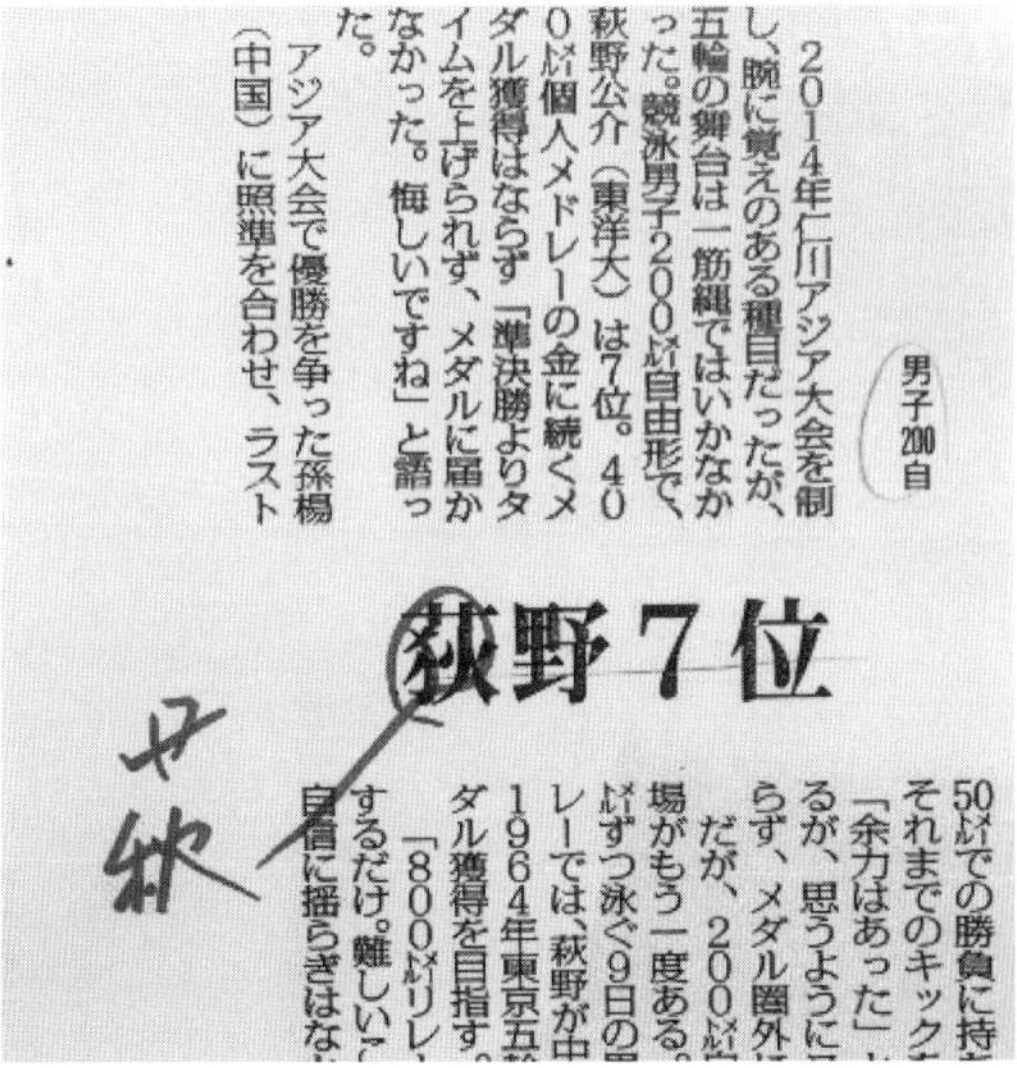

男子200自

2014年仁川アジア大会を制し、腕に覚えのある種目だったが、五輪の舞台は一筋縄ではいかなかった。競泳男子200㍍自由形で、萩野公介（東洋大）は7位。400㍍個人メドレーの金に続くメダル獲得はならず「準決勝よりタイムを上げられず、メダルに届かなかった。悔しいですね」と語った。

　アジア大会で優勝を争った孫楊（中国）に照準を合わせ、ラスト

萩野7位

50㍍での勝負に持
それまでのキック
「余力はあった」
るが、思うように
らず、メダル圏外に
　だが、200㍍
場がもう一度ある。
㍍ずつ泳ぐ9日の
レーでは、萩野が中
1964年東京五
ダル獲得を目指す。
　「800㍍リレ
するだけ。難しい
自信に揺らぎはな

荻と萩の直しは、もはや校閲の「お約束」

ただし、これは「萩」に見間違えるような「荻」の字を設計したフォントデザインにも問題があるのではないでしょうか。特に左下の「けものへん」に当たる部分はほとんど「誤字」に近いのではないかとさえ思えます。

2　同音異義語の多さに驚く

使用頻度から見る、今どきの「ハイガイ」主義

「何に驚いたかと言えば、世の中に存在する同音異義語の多さに驚きました」

校閲の仕事を始めて当時1年半の記者の言葉です。「キシャがキシャでキシャした（記者が汽車で帰社した）」といった言葉遊びは、聞いたことがある方もいることでしょう。相手の会社を敬う言葉は「貴社」ですが、同音異義語があまりに多いためか、「御社」を使うようになったといいます。「御社」は広辞苑には1998年の版で登場しています。

現役の校閲記者でも同音異義語に悩まされているわけですから、例えば校閲の採用試験でそうした間違いをしたとしても、それだけで「落とす」とは一概に言えません。間違いはないに越したことはありませんが、同音異義語の多さに驚き、間違いに悩むような繊細さがあるかどうかが、校閲には大切なことです。

さて、漢字は中国から来ましたが、中国語のように発音・アクセントが複雑ではない日本語の場合、いきおい同音異義語が多くなります。

それを文脈で使い分けてきたわけですが、そのためには、事実関係がわかっていることが前提として必要です。

拝外的な政策を掲げた
排外的な政策を掲げた

どちらも「ハイガイ主義」ですが、「拝外」は「外国の文物・思想などを崇拝すること」(大辞林)、「排外」は、「外国人や外国の文物・思想などを排斥すること」(同)。左の例では、イスラム教徒や移民を拒否するトランプ米大統領はもちろん後者の方です。

トランプ大統領の就任以来、よく見かけるようになった取り違えミスですが、実はトランプ氏の立候補前から、排斥する方の「排外」は頻出するようになっていました。「排外」の毎日新聞東京本社版での使用は2006年までの10年間では123件でしたが、2007年から2017年1月の約10年間でその倍以上の268件になっています。それだけ、他者への拒否感が身近な話題になってきているということかもしれません。

意味が正反対になってしまう例は案外多く、注意が必要です。

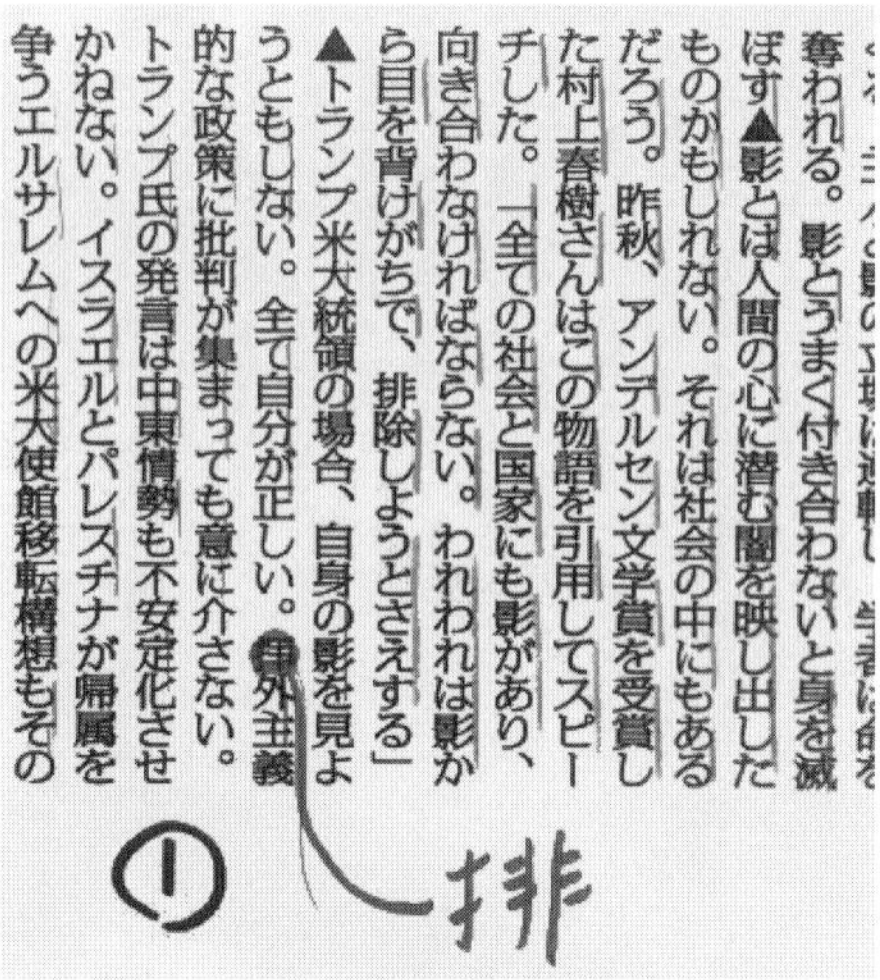
影の立場は逆転し、学者は命を
奪われる。影とうまく付き合わないと身を滅
ぼす▲影とは人間の心に潜む闇を映し出した
ものかもしれない。それは社会の中にもある
だろう。昨秋、アンデルセン文学賞を受賞し
た村上春樹さんはこの物語を引用してスピー
チした。「全ての社会と国家にも影があり、
向き合わなければならない。われわれは影か
ら目を背けがちで、排除しようとさえする」
▲トランプ米大統領の場合、自身の影を見よ
うともしない。全て自分が正しい。拝外主義
的な政策に批判が集まっても意に介さない。
トランプ氏の発言は中東情勢も不安定化させ
かねない。イスラエルとパレスチナが帰属を
争うエルサレムへの米大使館移転構想もその

間違えると正反対の意味になる「拝外」と「排外」

×小雨決行、好天時は翌日の同時刻から
○小雨決行、荒天時は翌日の同時刻から
（遺跡の現地説明会について知らせる記事から。好天、すなわち良い天気、晴天であれば延期するとは、あべこべになってしまいます）

×弁護士遍在問題
○弁護士偏在問題
（「遍」は「あまねく」なので、どこにでも広くあること。「偏」は「かたよる」なので、かたよって存在すること）

×長く患っていたが、全壊した
○長く患っていたが、全快した

（回復でなく壊してしまっては大変。紙面に出たら失礼千万で、おわび記事を出さなければなりません）

辞典はことばてん、事典はことてん

こうした同音異義語を区別するために、素直に音読みせず、あえて読み方を変えることがあります。「しりつ」を「いちりつ（市立）」「わたくしりつ（私立）」と訓読みを交えて言ったり、辞典を「ことばてん」、事典は「ことてん」と言ったりして区別する習慣もあります。

しかし、意味が逆というほどではない場合、区別はますます難しくなります。

✕床運動を後方屈伸2回宙返りで締めくくった
○床運動を後方屈身2回宙返りで締めくくった

スポーツでの「くっしん」といえば、ひざの屈伸運動が思い当たりますが、この例の場合は、「伸身」の対義語としての「屈身」です。「屈伸」だと、体を曲げたり伸ばしたりしながら宙返りしたことになってしまいます。

こんな例も

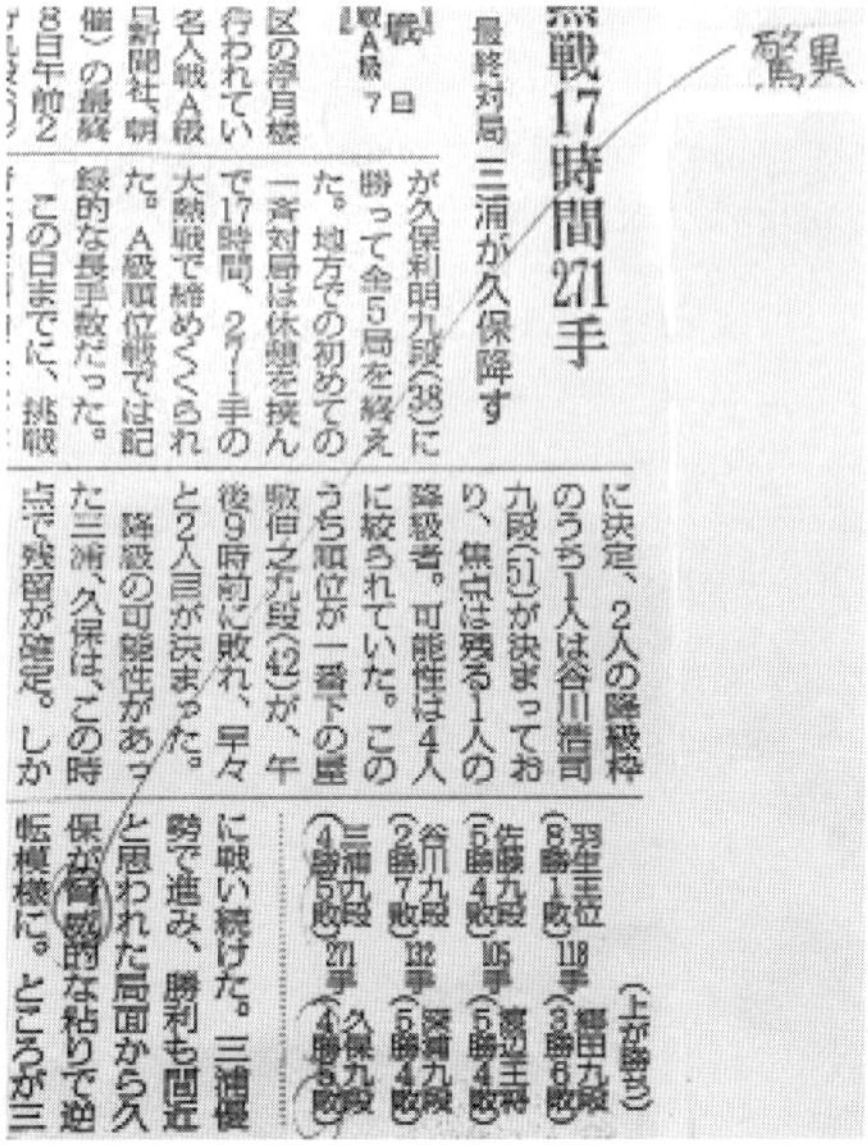
驚異

戦17時間271手

最終対局　三浦が久保降す

〔戦〕A級　7回

区の浮月楼で行われていた名人戦A級日新聞社、朝催）の最終8日午前2

が久保利明九段(38)に勝って全5局を終えた。地方での初めての一斉対局は休憩を挟んで17時間、271手の大熱戦で締めくくられた。A級順位戦では記録的な長手数だった。

この日までに、挑戦

に決定、2人の降級枠のうち1人は谷川浩司九段(51)が決まっており、焦点は残る1人の降級者。可能性は4人に絞られていた。このうち順位が一番下の屋敷伸之九段(42)が、午後9時前に敗れ、早々と2人目が決まった。

降級の可能性があった三浦、久保は、この時点で残留が確定。しか

（上が勝ち）

羽生王位（8勝1敗）118手 郷田九段（3勝6敗）

佐藤九段（5勝4敗）105手 渡辺王将（5勝4敗）

谷川九段（2勝7敗）132手 深浦九段（5勝4敗）

三浦九段（4勝5敗）271手 久保九段（4勝5敗）

に戦い続けた。三浦優勢で進み、勝利も間近と思われた局面から久保が脅威的な粘りで逆転模様に。ところが三

「きょうい」違い。脅威は脅し・恐れ・威力を、驚異は非常な驚きを表す

体操競技の床運動をしたことがなく、テレビで見たこともなければ、姿を想像することは難しいでしょう。しかし、周りの校閲記者に聞いてみれば、詳しい人はいるものです。

わからないことは知っていそうな人に聞いてみようと行動に移すコミュニケーション力も、校閲記者のみならず、言葉を豊かなものにしていくために有用かもしれません。

このほか、字も意味も似通っているものも、数多く存在します。

×お坊さんが修業する

○お坊さんが修行する

こんな例も

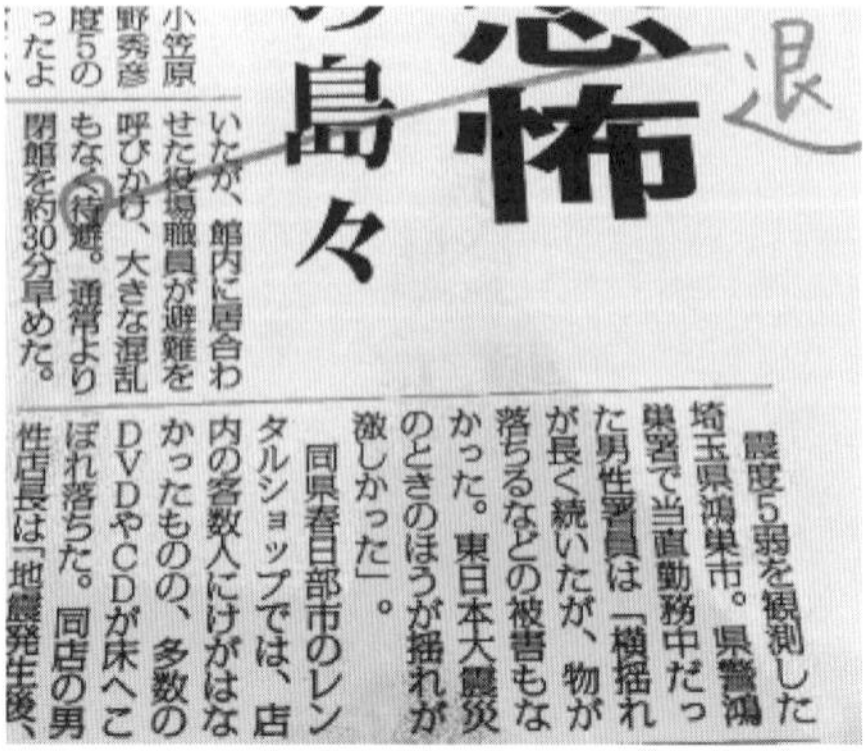

恐怖
退
の島々

小笠原
野秀彦
度5の
ったよ

いたが、館内に居合わせた役場職員が避難を呼びかけ、大きな混乱もなく待避。通常より閉館を約30分早めた。

震度5弱を観測した埼玉県鴻巣市。県警鴻巣署で当直勤務中だった男性署員は「横揺れが長く続いたが、物が落ちるなどの被害もなかった。東日本大震災のときのほうが揺れが激しかった」。

同県春日部市のレンタルショップでは、店内の客数人にけがはなかったものの、多数のDVDやCDが床へこぼれ落ちた。同店の男性店長は「地震発生後、

「退避」も「待避」も隠れたり退いたりして危険を遠ざけることだが、「待避」は特に列車の通過を待つような場合に用いる

×文章修行に励む
○文章修業に励む

「修行」は「仏法・武道などを修めること」、「修業」は「学問・技芸・職業などを修めること」と区別しますが、古風な表現としての「学問の修行」という使い方もあり、線引きは微妙です。

3 同訓の使い分け

新聞で常用漢字外を仮名にする理由

「先生の顔色をうかがう」「機会をうかがう」の「うかがう」は、こっそりと、そっと見ることを表します。漢字で書くと「窺う」ですが、常用漢字外のため、新聞では仮名にします。一方、「問う、聞く、訪問するの謙譲語」ならば、例えば「先生の家に伺う」のように「伺う」です。このように、同じ読みの訓で漢字が違うものを「異字同訓」といいます。

明治以来、日本語の表記は、漢字の膨大な数に悩まされてきました。時にはコミュニケーションの壁にすらなり、教育に与える負担が少なくないことから、使う漢字の範囲を限って表記する工夫が始まりました。誰もが日本語を不自由なく、豊かに表現できる目安として「常用漢字表」が生まれました。幾度かの改定を重ね、現在は2136字です。意外と少ないと思うかもしれません。高校卒業までにほぼ習うこととされています。

経済・政治・芸能など、新聞にはさまざまな「面」があります。普段は芸能番組など見ない人も、芸能記事の見出しが目に留まって、ふと「読んでみようかな」と思う。新聞は、そんな

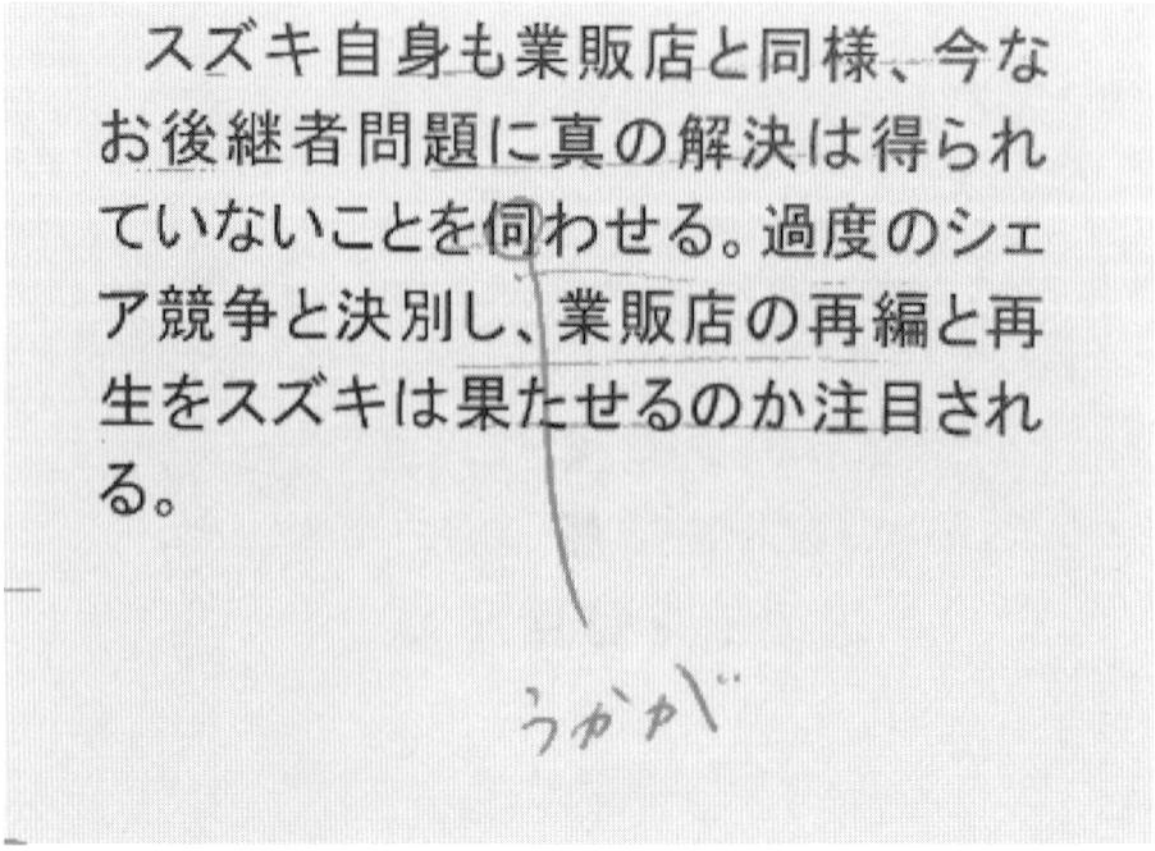
スズキ自身も業販店と同様、今なお後継者問題に真の解決は得られていないことを伺わせる。過度のシェア競争と決別し、業販店の再編と再生をスズキは果たせるのか注目される。

「窺う」は常用漢字外のため、仮名で表記

気軽な好奇心から入っていいと思います。「現代の国語を書き表す場合の漢字使用の目安」である常用漢字表は、誰が読んでもわかりやすい紙面を目指す新聞社の指標ともなっているのです。

常用漢字外の字は、学校で習っていないこともあり、正確に読んでもらえないことがあるかもしれません。その場合、「相手が不勉強」ではなく、書く側がアンフェアだったという考え方もあるはずです。難しい字は、いっそのこと仮名で表記することも、やわらかい印象を与えたり、誤解や間違いを防いだりする手段として考慮に入れるべきではないでしょうか。

意味を熟知して書き分ける

「難しいから漢字は要らない」ということでもあり

ません。日本語の豊かさは、もとからあった和語を表意文字である漢字によって複雑に表してきたおかげともいえるのです。

もとは同じ日本語（和語）に漢字を当てて書き分けてきたわけですが、そのため、どちらを使っても構わない場合もあります。

例えば、「きき酒」は、「利き酒」とも「聞き酒」とも書きます。「きく」で迷うのは以下のような表記でしょう。

利く　役に立つ、利用、機能
効く　ききめがある、効果
聞く　耳で音を感じる
聴く　耳を傾ける

「利く」は、円満字二郎さんの『漢字の使い分けときあかし辞典』（研究社）によれば、嗅覚や味覚が「能力を発揮する」という意味ですから「利き酒」でよさそうですが、「聞く」でもよいとはどういうわけでしょう。意外にも、「聞く」は耳でなく鼻を使ってにおいを識別する

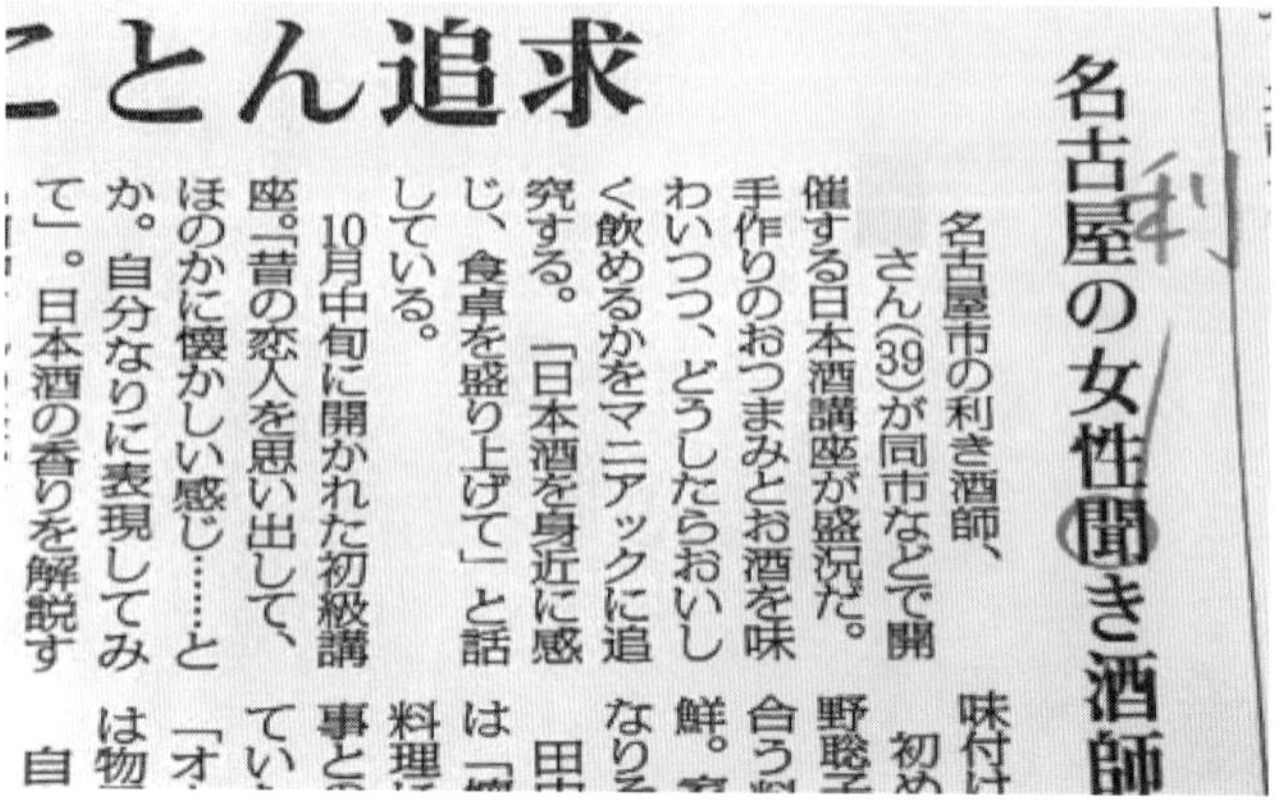
名古屋の女性聞き酒師

ことん追求

名古屋市の利き酒師、
さん(39)が同市などで開催する日本酒講座が盛況だ。手作りのおつまみとお酒を味わいつつ、どうしたらおいしく飲めるかをマニアックに追究する。「日本酒を身近に感じ、食卓を盛り上げて」と話している。

10月中旬に開かれた初級講座。「昔の恋人を思い出して、ほのかに懐かしい感じ……とか。自分なりに表現してみて」。日本酒の香りを解説す

新聞では、両方使うというわけにはいかないので
「利き酒」に統一

という意味でも使われ、「酒を味わって優劣などを判定する」（大辞林）という意味があるのです。

「おりる」にも、「下りる」と「降りる」があります。新聞では、「下」は上から下への時、「降」は乗り物、地位などからの時に使うことにしていますが、野球の「マウンドからおりる」はどうでしょうか。投手板からおりることを「降板」といいますから「降りる」と書いています。

愛は国境を「超」え、軍隊は国境を「越」える

次のような書き分けは、実際の行動や意識をイメージしながら考えるとわかりやすいでしょう。

かえりみる　顧みる……気にかける。過ぎ去ったことを振り返る

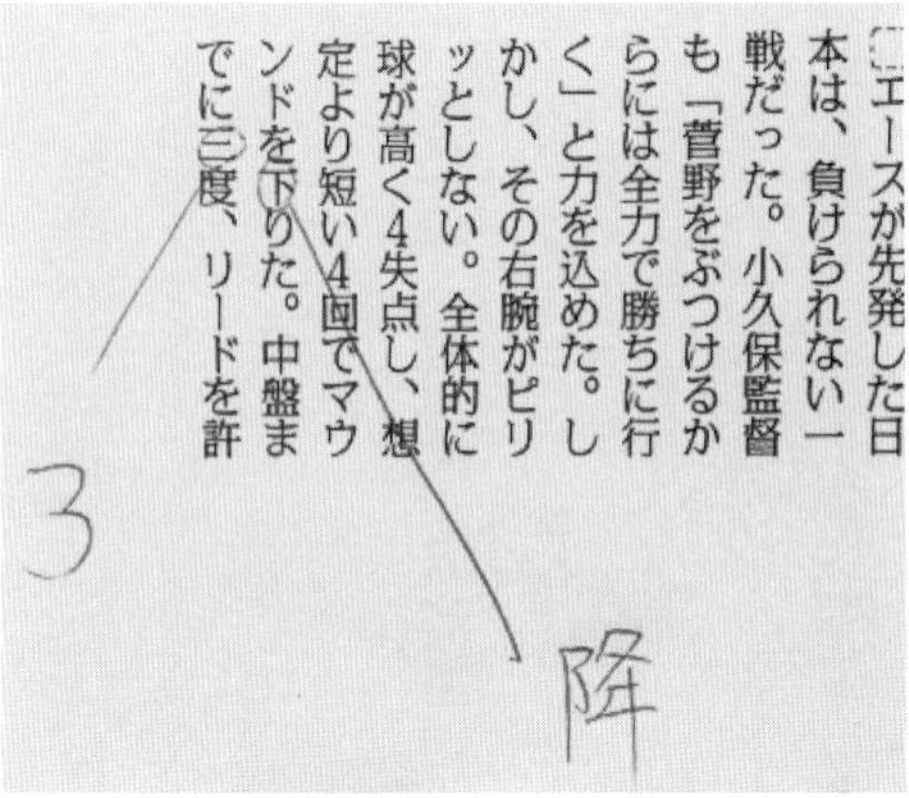
□エースが先発した日本は、負けられない一戦だった。小久保監督も「菅野をぶつけるからには全力で勝ちに行く」と力を込めた。しかし、その右腕がピリッとしない。全体的に球が高く4失点し、想定より短い4回でマウンドを下りた。中盤までに三度、リードを許

乗り物ではないが、ピッチャーマウンドからは
「降板」という言葉に合わせて「降りる」に

省みる……自分がしたことをもう一度振り返って反省する

たたかう
戦う……戦争や勝負や競技、優劣を競う
闘う……葛藤や困難に打ち勝とうと努める

こえる
超える……上に出る、超過
越える……通り過ぎる、年月を経る

校閲記者でもよく迷うのが、「超」「越」です。「超越」という言葉もあるくらいですから非常に意味が似ています。

迷ったら熟語で確認するのも一つの手です。「越」は「越境入学」「越冬」など、ある一点より水平に向こうへ行くイメージで、「超」は「超満員」「超常現象」など、一定のレベルより上にいくこととイメージできます。

「国境をこえて攻め込む」「国境をこえた愛」は、それぞれどう書くとよいでしょうか。国境線をまたいで進軍していくのは水平方向なので「越」でしょう。国境など関係ない、そんな概念よりもっと上をいく愛ということを表すためには、「超」となります。

移動の「渡る」、広範囲に及ぶ「亘る」

「わたる」と言う場合、「渡る」を使うことが多いのですが、新聞では「私事にわたる」「数日にわたる」のように範囲や期間を表す場合は「わたる」（漢字で書くと「亘る」ですが、常用漢字外なので平仮名）と書き分けています。

円満字二郎さんの『漢字の使い分けときあかし辞典』によると、「渡」は本来「川や海などを越えて向こう側へ行く」ことを表し、移動や拡大といった「変化」のニュアンスがあります。一方、日本語の「わたる」には、時間や空間、分量などが「広い範囲に及ぶ」という意味もありますが、この場合「変化」のニュアンスは薄いので「渡」はそぐわず、「亘る」と書く方法

こんな例も

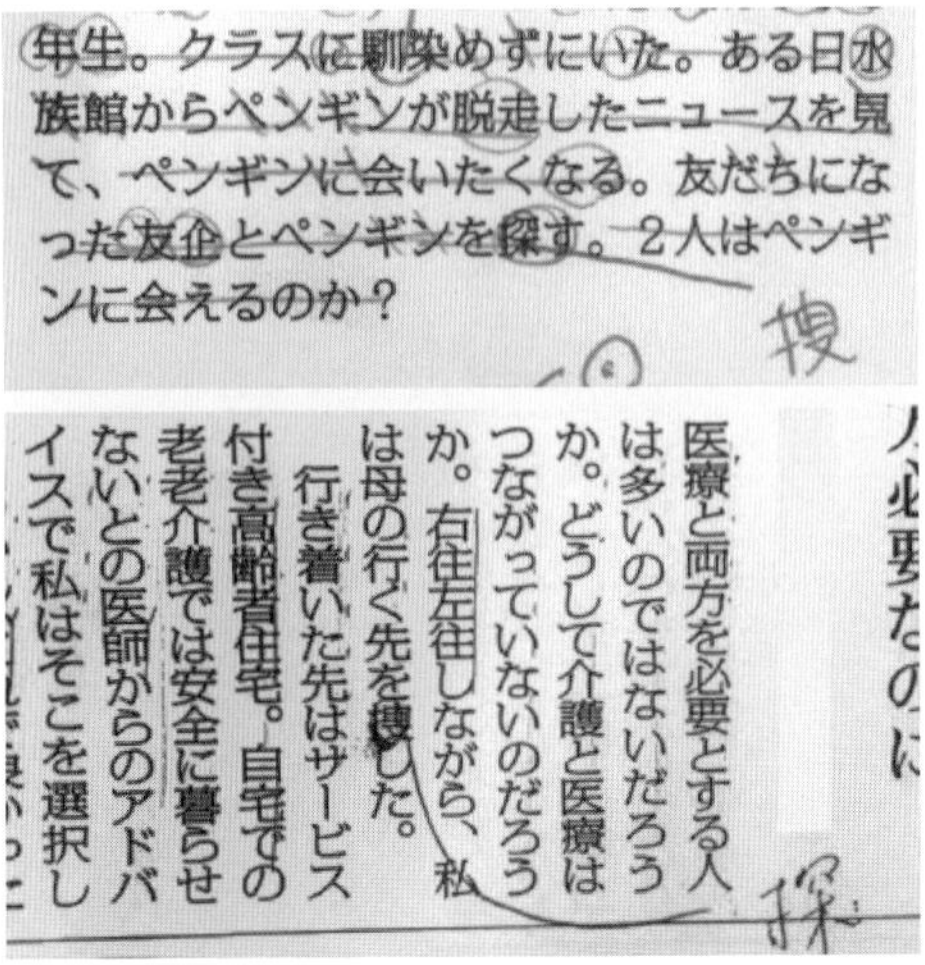
年生。クラスに馴染めずにいた。ある日水族館からペンギンが脱走したニュースを見て、ペンギンに会いたくなる。友だちになった友介とペンギンを探す。２人はペンギンに会えるのか？

捜

人必要なのに

医療と両方を必要とする人は多いのではないだろうか。どうして介護と医療はつながっていないのだろうか。右往左往しながら、私は母の行く先を捜した。

行き着いた先はサービス付き高齢者住宅。自宅での老老介護では安全に暮らせないとの医師からのアドバイスで私はそこを選択し

探

「探す」は職や家など主に欲しいものが対象、「捜す」は紛失物や不明者など、主に見えなくなったものが対象

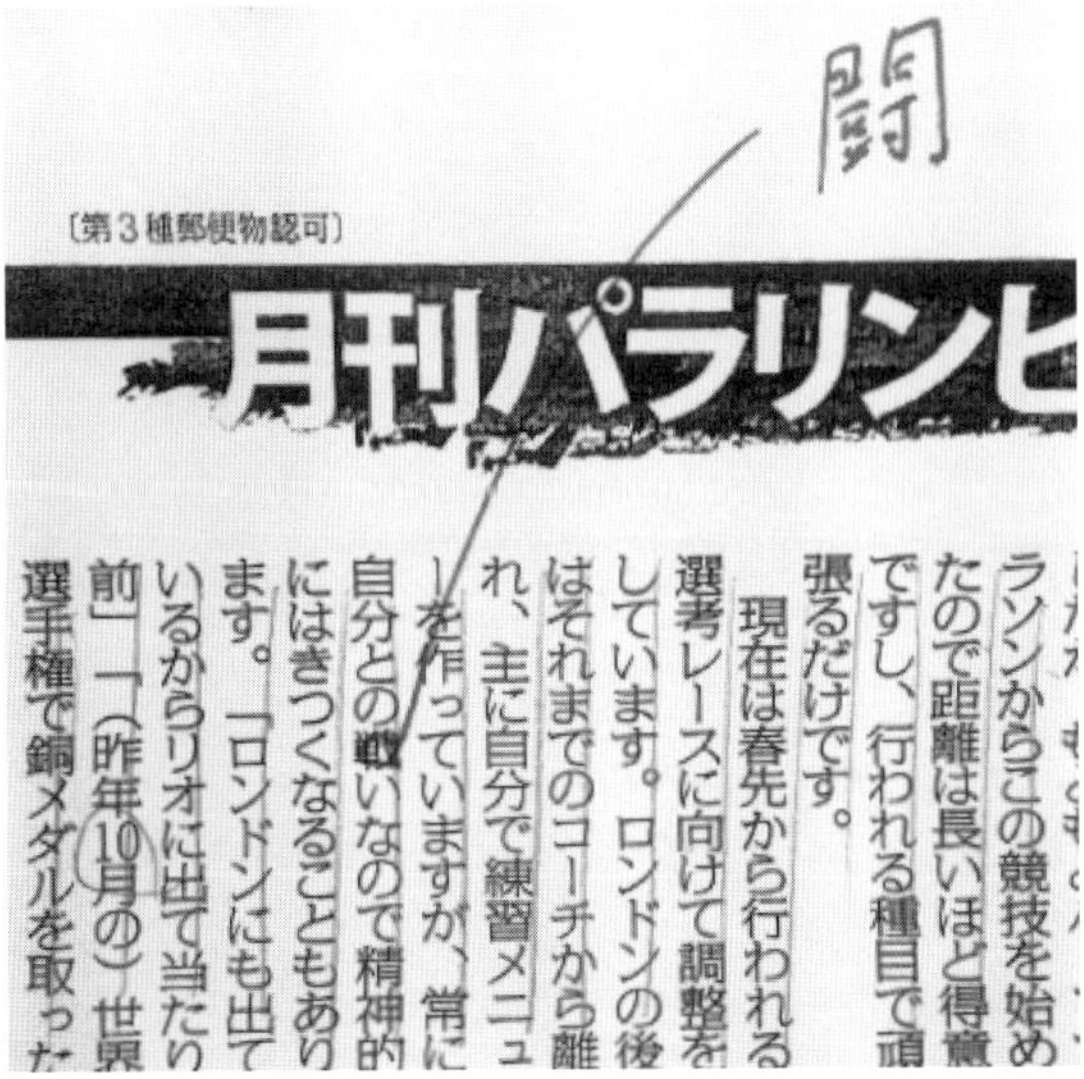
闘

〔第３種郵便物認可〕

月刊パラリンピ

ラソンからこの競技を始めたので距離は長いほど得意ですし、行われる種目で頑張るだけです。

現在は春先から行われる選考レースに向けて調整をしています。ロンドンの後はそれまでのコーチから離れ、主に自分で練習メニューを作っていますが、常に自分との戦いなので精神的にはきつくなることもあります。「ロンドンにも出ているからリオに出て当たり前」「（昨年10月の）世界選手権で銅メダルを取った

何と「たたかう」のかイメージして書き分ける

もあるものの「古風で難解な印象を与えてしまう」（同書）ということもあり、円満字さんも「かな書きにする方が落ち着く」と書いています。

4 ヒューマンエラーは「ある」と認める

ワープロの学習機能が泣いている

日本語の同音・同訓語の多さに泣くのは、校閲記者や受験生だけではありません。

１９７８年、キーボードによる日本語入力を史上初めて可能にしたワードプロセッサーを東芝が発表しました。「キシャがキシャした」といった同音異義語の使い分けをどうコンピューターに学ばせるかが開発者の最大の課題であり、「辞書に学習させればいい」という発想で実現に導いたことは、よく知られています。

それから40年。「教授」が「教援」、「減少」が「滅少」、「法廷」が「法延」に――前述した、かつて鉛の活字を一つ一つ組んで新聞を作っていた時代に日常茶飯事だったこれらの「誤植」はとうになくなったはずです。しかし、ワープロの変換機能を無視したようなヒューマンエラーがいまだに起こっています。

考えられるのが、打ち手がわざわざ分断して1字ずつ変換し、該当漢字を探すうちに、候補の中から見た目の似た別の字を選択してしまうパターンです。

こんな例も

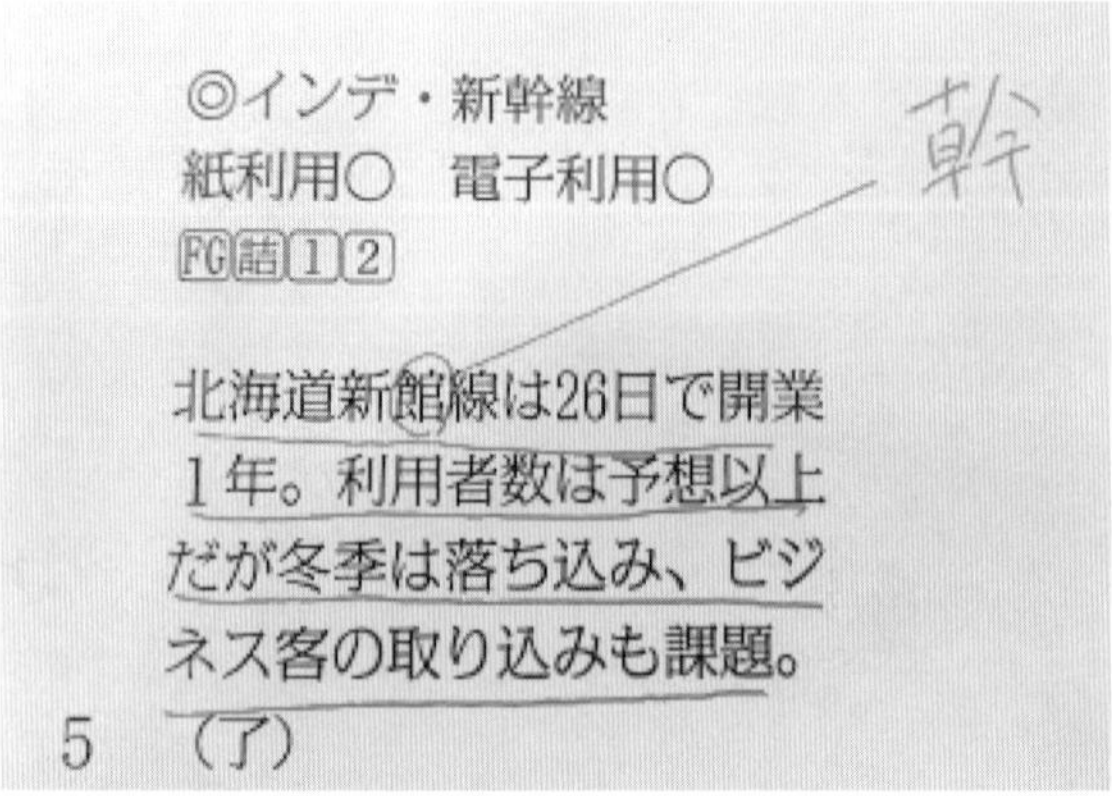
◎インデ・新幹線
紙利用○　電子利用○
FG詰12

北海道新館線は26日で開業1年。利用者数は予想以上だが冬季は落ち込み、ビジネス客の取り込みも課題。
5　（了）

「北海道新館線」の変換間違い。「ほっかいどう」「しんかん」「せん」で区切って変換した？

熟考なら、「じゅっこう」と入力すべきところを「じゅくこう」と、単漢字それぞれの読み通りにキーを打つと「熟考」と変換されないことがあります。そこで、わざわざ「じゅく」と「こう」を分けて打つと、「塾考」にもなってしまいます。

変換できなかったら、「機械（変換機能）が貧相」ではなく、自分の思い違いなのではないかと疑ってみましょう。

×殻雨

○穀雨

（万物を潤す穀雨を、「殻（から）」の雨と覚えていた？）

×貧欲に学ぶ
○貪欲に学ぶ
（「ひんよく」と打ったのでしょうか？）

×通天閣
○通天閣
（閣よりも閣の字を出す方が難しそうですが）

前述したものは、校閲の中で実際に発見した事例の一部です。
校閲記者は、ゲラを手にしたら、まず「ワープロ入力だから間違えていない」という先入観を排除するようにします。そして、漢字の一点一画を凝視するという校閲の原点を大切にして向き合います。結局は、「機械が間違えている」のではなく「人が間違えている」のですから。
これは書籍の話ですが、季節の言葉を集めた本に、「侯のことば」という文字を見つけてしまったことがあります。例えば「きこう」と打てば、気候の「候」を出せるはずですが、「こう」だけで変換してしまい、気づかれないまま本になってしまったようです。ほぼ全ページが

「侯」になっていました。増刷分からすべて「候」に直ったのを見たときは、ほっとしました。

指が滑って戦国時代劇の世界？

中央アジアでの占拠事件を報じる原稿に、戦国時代風の集団が登場しました。

✕武将集団　→　〇武装集団

おそらく、ローマ字入力の際に余計な「y」が入って、「将」になってしまったのでしょうが、紙面に出たら笑いごとでは済みません。こうした誤記では、逆に「y」が抜けた「調査結果を発砲」のようなものもあります。正解は「発表」ですね。ローマ字入力ならではのミスでしょうが、仮名入力でも、例えば濁点のつけ忘れなど、やはり打ち間違いはありえます。

✕マリアナ海峡

〇マリアナ海溝

（ローマ字入力で「y」が入った？）

×国産牛肉を偽造
○国産牛肉を偽装
（ローマ字入力で、近いところにあるｓとｚを打ち間違い？）

×議員のカラ主張疑惑
○議員のカラ出張疑惑
（ローマ字入力で、ｃかｔを２回打つところを１回にしてしまった？）

×災害を想定した実施訓練
○災害を想定した実地訓練
（「し」と「ち」の打ち間違い？）

×次戦に標準を合わせる
○次戦に照準を合わせる
（「し」と「ひ」の打ち間違い？）

○×
×読者感想文
○読書感想文
（ローマ字入力でaとoの打ち間違い？）

列挙したものだけ見ると、気づくのは簡単に見えるかもしれません。意識せずに読み流していると、足をすくわれやすいのです。

同音の変換ミスには気をつけるようになった校閲記者ですが、このように打ち間違ったうえ双方に同じ漢字が含まれていたりすると、うまく収まっているように見えてしまいます。少しでも違和感がある文言には、何かの誤りかもしれないと疑って推理することが欠かせません。

原稿を書く側についていえば、打ち間違いを「しない」ことはできずとも、ミスはあるものと考えて、最後に漢文のように読み下してみることで、いくらか防げるのではないでしょうか。「読書感想文」なら、「読んで書く感想文」と意味通り読み下せれば、間違いありません。黙読すると目が先読みしてしまうので、時には声に出してみることをすすめます。

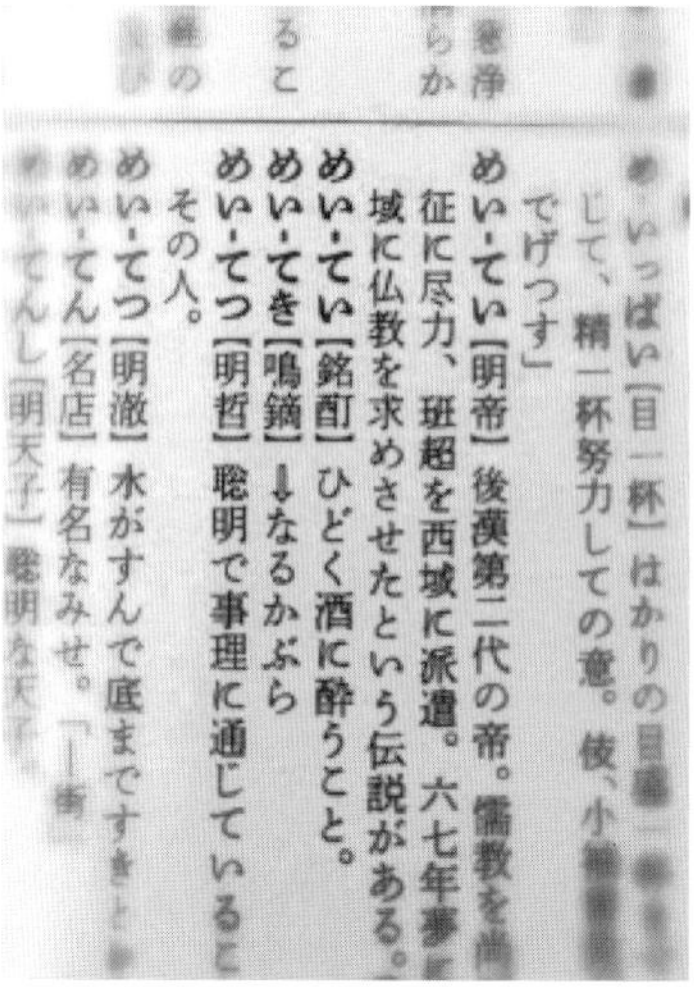
めいっぱい【目一杯】はかりの目盛一
じて、精一杯努力しての意。彼、小
でげっす」
めい‐てい【明帝】後漢第二代の帝。儒教を
征に尽力、班超を西域に派遣。六七年夢
域に仏教を求めさせたという伝説がある。
めい‐てい【銘酊】ひどく酒に酔うこと。
めい‐てき【鳴鏑】⇒なるかぶら
めい‐てつ【明哲】聡明で事理に通じているこ
その人。
めい‐てつ【明徹】水がすんで底まですき
めい‐てん【名店】有名なみせ。「―街
めい‐てんし【明天子】聡明な天子

広辞苑第2版初刷より。
正しくは「酩酊」で、後に修正された

広辞苑の誤植

「誤植」時代に戻りますが、1970年1月、「歴史を動かすもの」という司馬遼太郎さんの論文が毎日新聞の元日の紙面を飾りました。司馬史観らしい、ユニークな論旨ですが、その原稿には「銘酊」という字が頻出していたといいます。

正しくは酩酊ですが、当時の校閲記者は「まさか司馬遼太郎さんともあろうものが、書き違えるとは考えられない」と記しています。広辞苑に助けを求めたところ、1969年の第2版には堂々と「銘酊」となっていたそうです。

実は1967年版の毎日新聞用語集でも「銘酊」となっていました（後に「酩酊」と訂正）。お酒にひどく酔うという意の「酩」が、銘柄の「銘」ともつながりがあるのか。念のため広辞苑第1版を見ると、「酩酊」でした。版元の岩波書店に確かめると、第1版では「酩酊」、第2版で誤植してしまったことがわかりました。まるで司馬遼太郎さんのミスに合わせたような誤字でした。

「先生、めいていの字が違ってますよ」と、歴史小説の大家に言えた人は当時いたのでしょうか。

「パソコンだから間違えない」はありえないように、「文豪だから間違えない」ということも、「広辞苑だから間違えない」ということもないのです。

コラム 2

確かに外れてしまっているかも

職業柄、街を歩いていても看板や張り紙が気になって仕方ありません。多くの人が見過ごす文字の間違いに、「ああ直したい！ どうしよう」と気をもむ日々です。「すぐにでも直りますように」。願いを込めて、そっと撮った写真を紹介します。

目にしたら、おや？と思って事故……ということにもなりかねません。早く直さなければ。この漢字は「目を閉じたり開いたりする」という意味で、とても短い時間を表すのだそうです。まばたきする間なのですから、「目」は必要ですね。

（正解）一舜→一瞬

第3章

「1人前」と「一人前」で意味が違う

数字・単位・記号

1 洋数字？ 漢数字？

書き分けの基準

第3章では、数字の意外な手ごわさを中心にお伝えしていきます。例えば、「いちにんまえ」と漢字で書くとき、どう書きますか。

ラーメン1人前ではとても足りない
一人前のラーメン屋になりたい

新聞では、1人に割り当てる量なら「1人前」、つまり「2人前、3人前……」と数えられるので、「1」と洋数字（算用数字）で表します。一方、「独立した社会人であること、成人であること、技芸・学問などが一応の水準に達していること」などを表す「一人前」は、それだけで意味を持った言葉ですから、漢数字で書きます。

「二番煎じ」「三度目の正直」なども同様です。ほかの数字に置き換えられないような言葉は

ただ一人　たった1人　気楽な一人暮らし　1人暮らし世帯　一人住まいの気安さ　アパートに1人住まいの生活　一人娘　娘が1人　メンバーの一人として活躍　3人組のうち1人が逃走　一人前に育つ　ラーメン1人前　一人一人が　1人ずつが　一人旅　1人で出かける

洋数字で書くか漢数字で書くか。「他の数字に置き換えにくいものは漢字」と覚えておくとよい

漢数字で書いて、ひとまとまりの語句であることを表します。

　古来、日本語では数字を漢数字で表記してきました。洋数字表記が日本に入ってきてからも、縦書きになじむのは漢数字であり、新聞記事も漢数字表記が原則でした。次第に、「数字」が重要なスポーツ記事の記録、電話番号や記号などを中心に、昭和の時代から洋数字を使うようにもなっていましたが、あくまで例外的でした。

　一方、横組みでは洋数字がなじみます。グローバル化の中、横組みの印刷物が増え、ワープロも横書きのため、必然的に洋数字使用が広がります。新聞社でも、数字の飛び交う経済などの分野でデータ的なものを表記するには洋数字が見やすいのではないかといった意見が強くなっていきました。

他社に先駆けて毎日新聞が「数字を読みやすく」というタイトルの社告を掲げ、漢数字が原則だった数字の表記を洋数字に変えたのは1996年4月1日のことです（朝日新聞は2001年、読売新聞は2005年から）。

当時、社内でこの「改革」を主張した人たちは「洋数字で書けば文字数を節約できる」「洋数字で書けば数字の誤りが減る」と言い、「洋数字と漢数字の書き分けなんて簡単だ。まさか『二人三脚』を『2人3脚』と書くやつはいるまいし」とも断言していました。一方、校閲記者たちはこの「改革」を前に大きな不安を覚え、大急ぎで漢数字と洋数字の書き分け方などの検討をしました。

確かに、「十一時四十五分」と書くのと「11時45分」と書くのとでは、後者の方が目に入りやすく、見間違えて待ち合わせミスをすることもなさそうです。2桁の数字を1字分で書けば、文字数も減ります。

しかし、今でも「150円」を「1500円」と打ち間違えるようなミスは後を絶ちません。洋数字部分に気をとられてか、「2億5000円」のように単位語を書き忘れるようなことも多いのです。

字数についても、2桁までなら1文字分にできても縦書きで3桁以上を1文字にはしにくく、

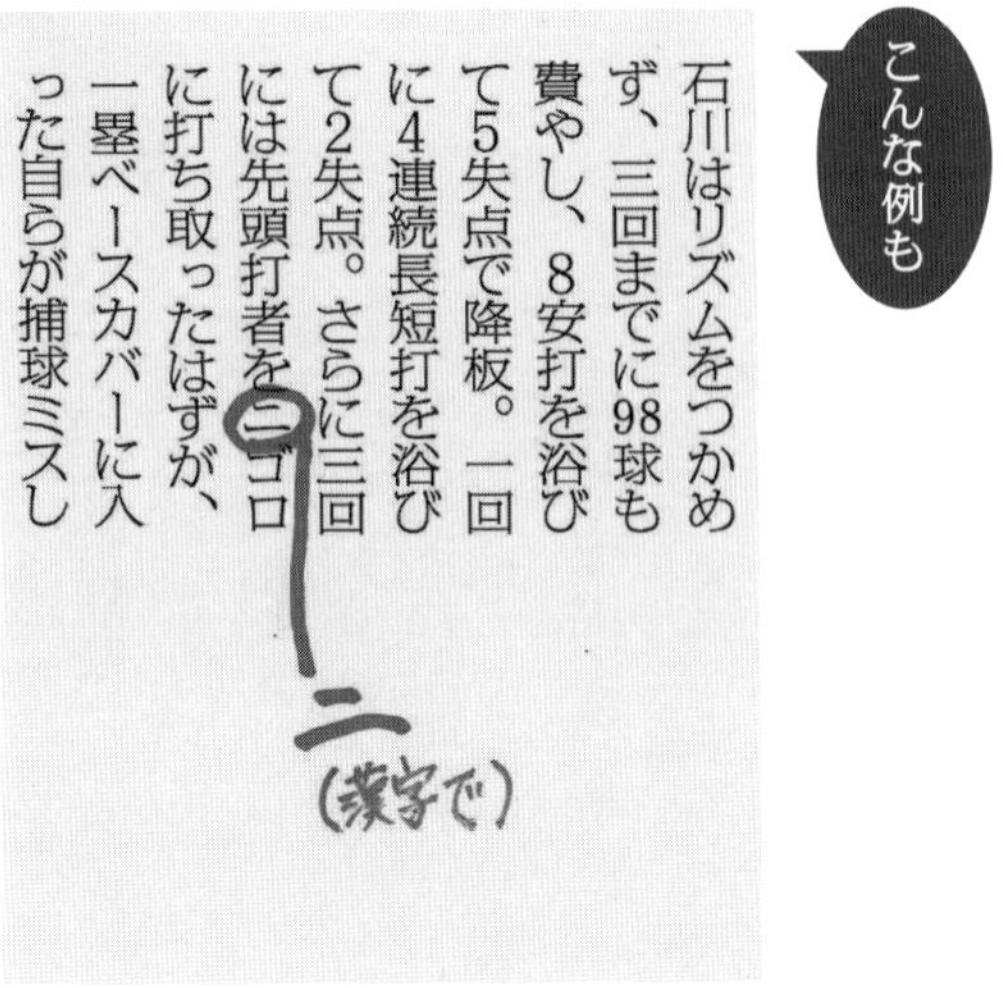

石川はリズムをつかめず、三回までに98球も費やし、8安打を浴びて5失点で降板。一回に4連続長短打を浴びて2失点。さらに三回には先頭打者をニゴロに打ち取ったはずが、一塁ベースカバーに入った自らが捕球ミスし

「ニゴロ」とは二塁ゴロの略。漢数字の「二」と片仮名の「ニ」は似ているので、単独で出てくると紛らわしい

「百円」を「100円」と書けば、文字数が増えることになります。

また、洋数字はデータ的であるが故に、例えば「100人が詰めかけた」とあれば、まるできっちり100人であるようにも見えますが、「百人が詰めかけた」なら、あいまいさが表れます。

そして、校閲記者たちの不安は的中しました。「2人3脚」と書かれた原稿は何度も見かけましたし、「昨年」の前年を「1昨年」と書く記者までおり、前述のような「一人」か「1人」かだけでも迷う日々が現在も続いています。

漢数字も洋数字も一長一短があり、状況に応じて選んでいくのがよいといえるでしょう。「基準」は何かといえば、読んだ人が違和感を持たないようにすること、それを校閲記者は心がけています。

こんな例も

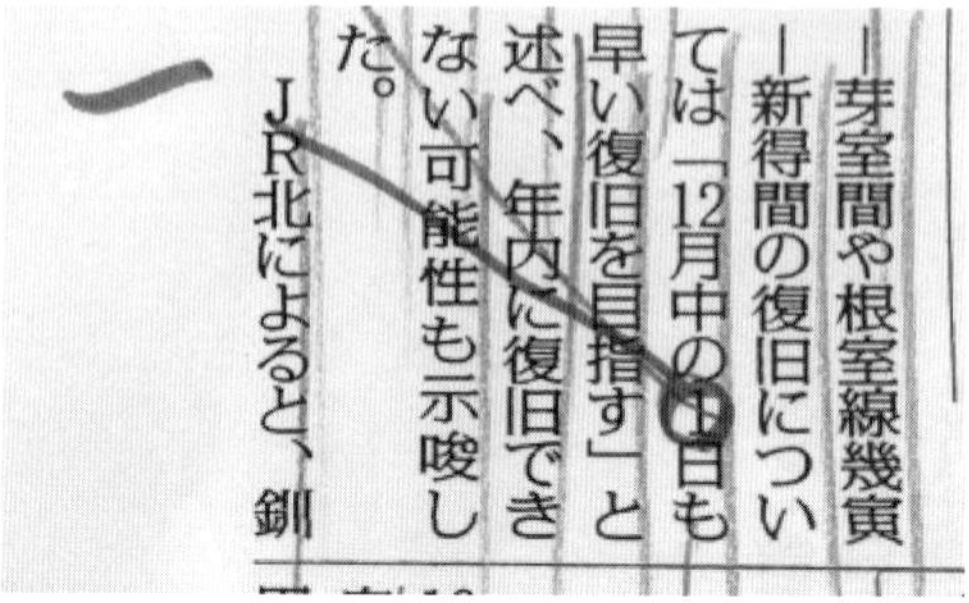
―芽室間や根室線幾寅―新得間の復旧については「12月中の1日も早い復旧を目指す」と述べ、年内に復旧できない可能性も示唆した。
ＪＲ北によると、釧

「一度もない」「二度としない」のように、他の数字に置き換えられないものは原則として漢数字で書く

２「数え方」も難しい

16年3月は東日本大震災から「何年目」か

３月11日が近づくと、東日本大震災に関する記事が増えます。

２０１６年春によく見かけた「５年目を迎える」という表記。校閲記者は直しを書き入れます。震災が起こったのは２０１１年３月11日。２０１６年３月11日にちょうど５年がたち、同時に「６年目」が始まります。ですから、「５年」という数字を使いたい場合は「目」を入れずに「震災から５年を迎える」と書くようにするのです。

最初の１年間を１年目、次の１年間を２年目……と数えていくと２０１６年３月11日から１年間は「６年目」となります。

例えば、新入社員は「入社１年目」といいますね。１年たてば「１年目」の後輩が入社してきて、「２年目」の先輩となるわけです。

また、ちょうど１年たつことは「丸１年」とも「１周年」とも書きます。ただし、「周年」は「創業１００周年」などとめでたい場面で使うことが多いため、震災については使わないこ

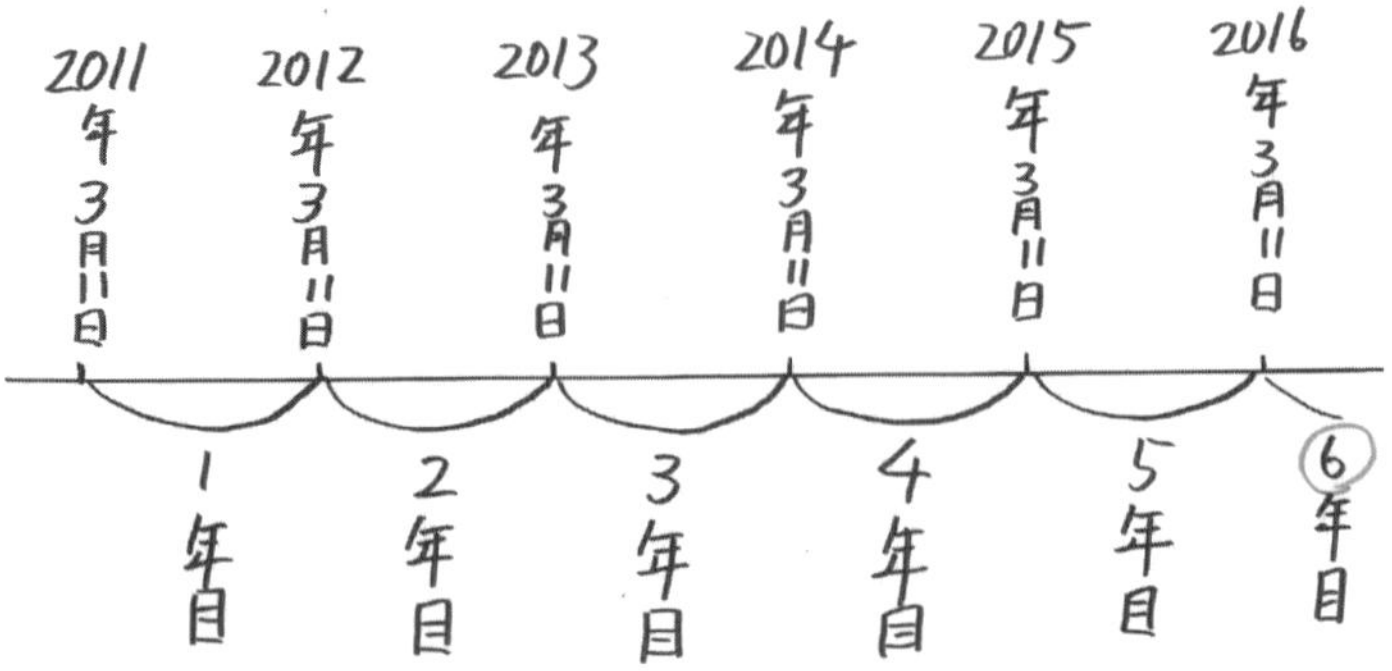

１年目→「１年生」、２年目→「２年生」と考えるとわかりやすい

とにしています。

法律では誕生日前日に年を取る

次の書き方は正確ではありません。

> 投票日に18歳の誕生日を迎える最も若い有権者

では、どう書けばよいでしょうか。

「投票日翌日に18歳の誕生日を迎える最も若い有権者」です。

現在の一般的な満年齢の数え方では、誕生日に一つ年を取ります。記事でも、普通は誕生日に年を取るものとして数えて表記しています。しかし、「年齢計算に関する法律」が、出生の日から年齢を起算するよう定めており、それに従うと、誕生日の前日に1歳増えるのです。そのため、選挙で最も若い有権者は、18歳になる誕生日が投票日当日ではなく、翌日の人です。

3月31日までではなく、4月1日生まれまでがいわゆる「早生まれ」になるのも、同様の理由です。学校教育法施行規則に学年が4月1日に始まることが規定されていますが、同法には、「満6歳に達した日の翌日以後」に学年の初日、つまり4月1日を迎えた子が小学校に入学するという規定もあります。そして、年齢計算に関する法律から、4月1日が誕生日の子は3月31日に「満6歳に達し」ているため、翌日4月1日は小学校に入学するわけです。

このほか、気をつけたい数字には、次のようなものがあります。

✕一酸化炭素（CO_2）中毒→○一酸化炭素（CO）中毒

身の回りでよく耳にするのはCO_2です。けれど、二酸化炭素もあれば、一酸化炭素もあります。さらには「『二酸化酸素』は『二酸化炭素』の誤りでした」と訂正を出したこともあります。「知っている」言葉や記号は、かえって誤っていても見逃しやすいのです。

数字そのものだけでなく、その前後にもご注意を。「第1日目」「上位2位まで」は、間違いではありませんが、「腹痛が痛い」といっているのと同じ、重複表現です。「第1日目」は「1日目」か「第1日」、「上位2位まで」は「2位まで」でよいでしょう。

校閲記者は見逃さないようにするため、

「流れを読む」

「読まずに、一字一句、指で押さえて見る」

「片仮名だけ見る」

「数字だけ見る」

と、幾通りものチェックの仕方をします。同じ文字の列を追うにしても、見方を変えてみると、別の違和感が生じて手と目が止まることもあるからです。

新聞1ページを校閲するのにどれくらい時間がかかりますかとよく尋ねられますが、1時間でも2時間でも、許された時間内ぎりぎりまであらゆる角度から見直すため、一概には言えません。

こんな例も

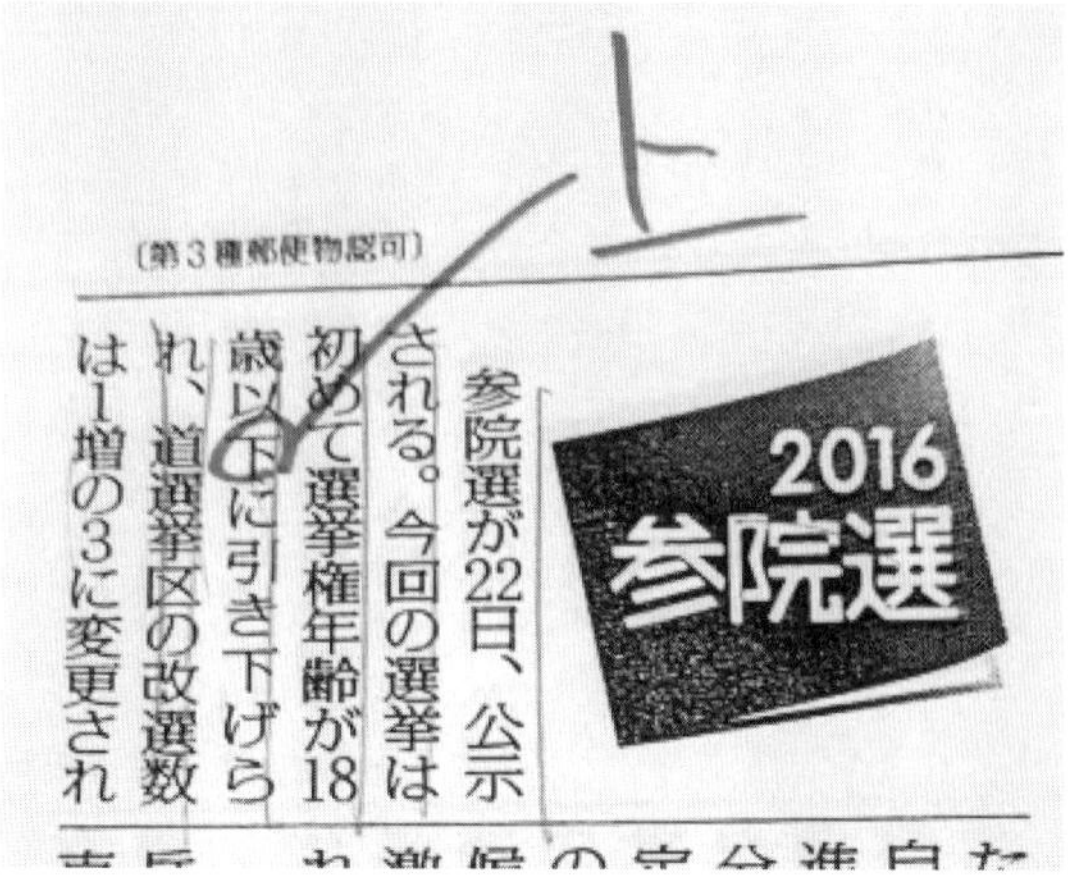
（第３種郵便物認可）

2016 参院選

参院選が22日、公示される。今回の選挙は初めて選挙権年齢が18歳以下に引き下げられ、道選挙区の改選数は1増の3に変更され

どこまでも若くなる？ 選挙権

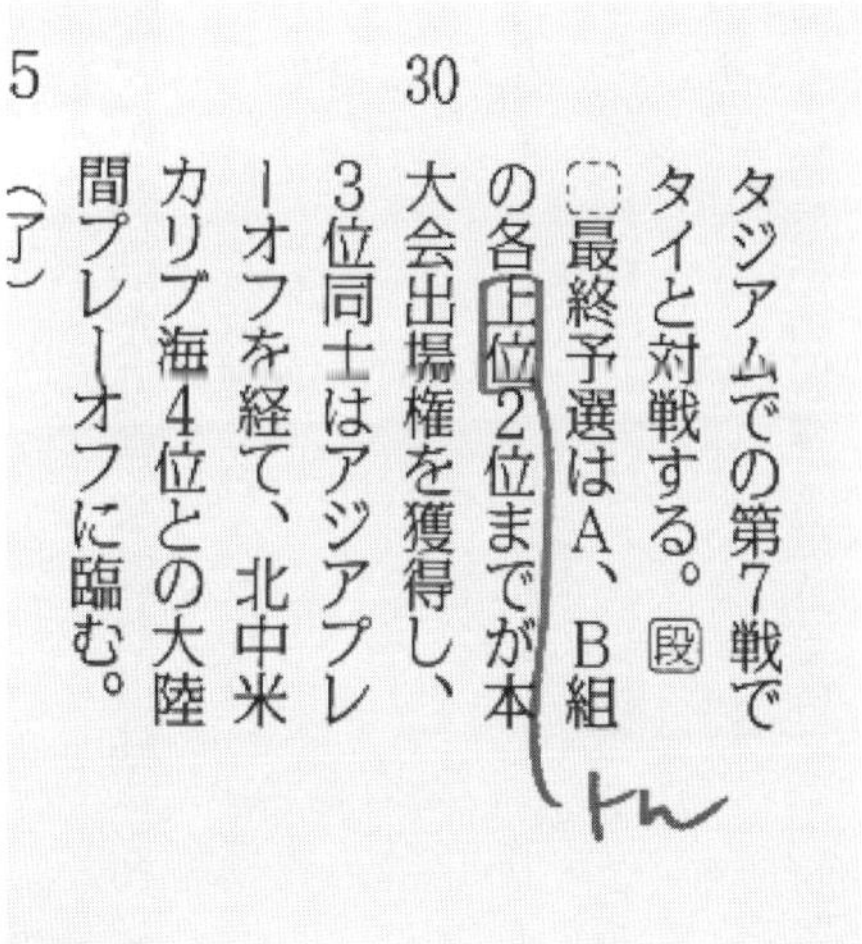
5　30

タジアムでの第7戦でタイと対戦する。段〔〕最終予選はA、B組の各上位2位までが本大会出場権を獲得し、3位同士はアジアプレーオフを経て、北中米カリブ海4位との大陸間プレーオフに臨む。（了）

重複表現があると文章が冗長に。なくても意味が変わらなければ取る

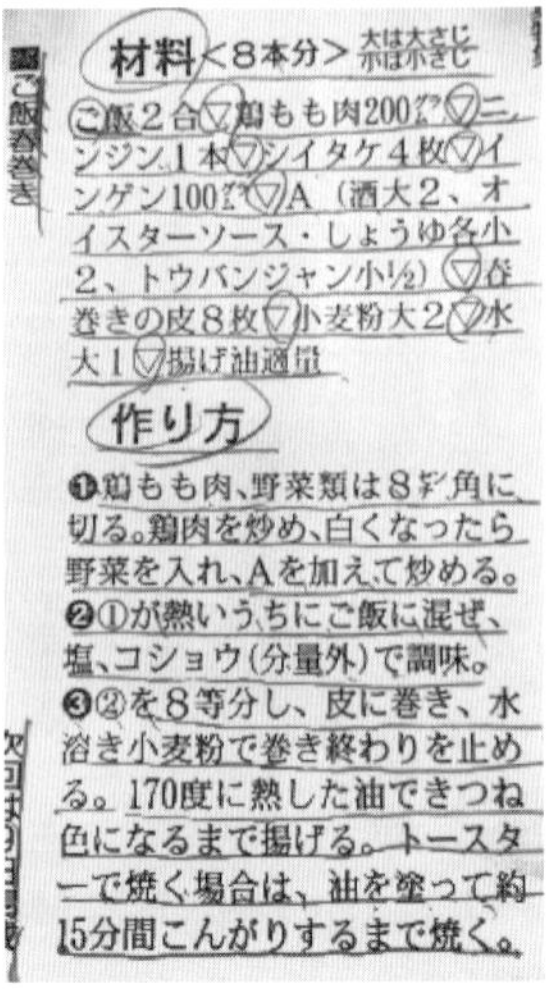
■ご飯春巻き

材料〈8本分〉大は大さじ 小は小さじ

ご飯2合▽鶏もも肉200グラム▽ニンジン1本▽シイタケ4枚▽インゲン100グラム▽A（酒大2、オイスターソース・しょうゆ各小2、トウバンジャン小½）▽春巻きの皮8枚▽小麦粉大2▽水大1▽揚げ油適量

作り方

❶鶏もも肉、野菜類は8センチ角に切る。鶏肉を炒め、白くなったら野菜を入れ、Aを加えて炒める。
❷①が熱いうちにご飯に混ぜ、塩、コショウ（分量外）で調味。
❸②を8等分し、皮に巻き、水溶き小麦粉で巻き終わりを止める。170度に熱した油できつね色になるまで揚げる。トースターで焼く場合は、油を塗って約15分間こんがりするまで焼く。

料理をする人ならすぐ気づく?

3 数字以上に失敗しやすい単位

校閲記者は料理ができなければ務まらない？

毎日載る料理記事。上のゲラ写真のどこがおかしいかわかりますか。

春巻きの具材として、鶏肉が「8センチ角」では、さすがに大きすぎて皮が破れてしまわないでしょうか。再校を担当した校閲記者は8ミリの誤りではないかと考えました。

見逃した初校担当者は「焼きそばくらいしか作ったことがない」とか。頭の中で作っているところをイメージできれば、すぐに「はてな」と気づけたはずです。

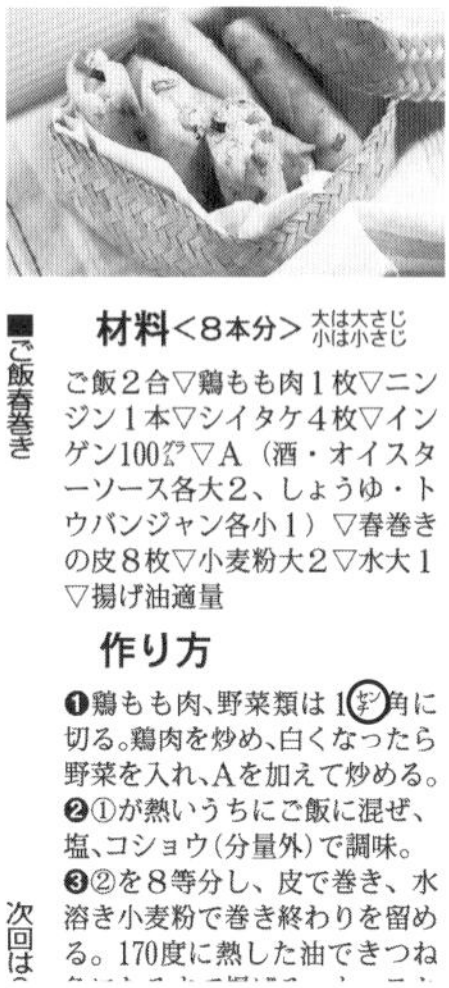
■ご飯春巻き

材料＜8本分＞大は大さじ 小は小さじ

ご飯2合▽鶏もも肉1枚▽ニンジン1本▽シイタケ4枚▽インゲン100グラム▽A（酒・オイスターソース各大2、しょうゆ・トウバンジャン各小1）▽春巻きの皮8枚▽小麦粉大2▽水大1▽揚げ油適量

作り方

❶鶏もも肉、野菜類は1センチ角に切る。鶏肉を炒め、白くなったら野菜を入れ、Aを加えて炒める。
❷①が熱いうちにご飯に混ぜ、塩、コショウ（分量外）で調味。
❸②を8等分し、皮で巻き、水溶き小麦粉で巻き終わりを留める。170度に熱した油できつね

次回は

最終的には「1センチ」に直った

初めて作る人にとっては、レシピの一字一句が頼りであり、誤りがあっては大変です。手順を追っていくと、①、②、②、④……というような、番号の振り間違いもたまに発生しています。

校閲記者には、料理の知識や経験も役に立つものなのです。

常識としてあり得るか、想像力を働かせて

ほとんどの数字は、さまざまな単位と合わせて表記されます。

数字が合っていても、センチとミリを取り違えていたら元も子もありません。数字だけで安心してしまい、後に続く単位などがおかしくなっていることに気づかないケースは意外と多いのです。これまでも、次のような誤りがありました。

✕関西の都市ガス顧客の家庭が約７００世帯 → ◯約７００万世帯

✕クマゼミの体長が60〜65《センチ》 → ◯60〜65《ミリ》

✕ある農家のイチゴの作付面積が42《ヘクタール》 → ◯42《アール》

✕２０１２年２日 → ◯２０１２年２月

もちろん、校閲記者は数字とあれば一つ一つ調べて確認しますが、時間のないとき、調べがつかないときもあります。そんな場合も、想像力を働かせれば誤りを見つけられることもあります。

ケヤキの直径が３・８《メートル》って、巨木にしても太過ぎないかなあ？　例えば幹回り３・８《メートル》ならわかるけれど。カツ60万枚、７３０《トン》出荷。計算してみると……１枚１《キロ》以上のカツ？　車両基地36平方《メートル》って、ワンルームマンション１部屋ほど？　電車が入るだろうか。確認すると

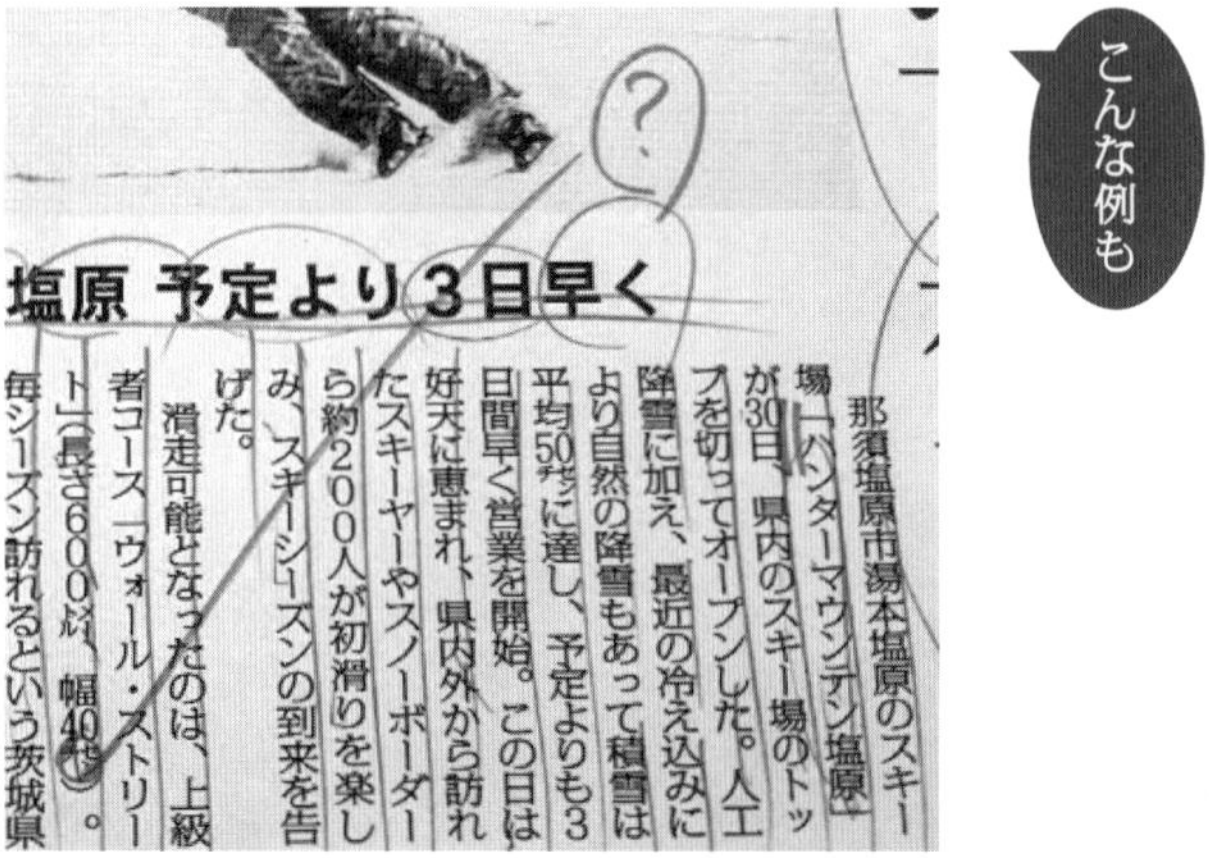
塩原 予定より3日早く

那須塩原市湯本塩原のスキー場「ハンターマウンテン塩原」が30日、県内のスキー場のトップを切ってオープンした。人工降雪に加え、最近の冷え込みにより自然の降雪もあって積雪は平均50㌢に達し、予定よりも3日間早く営業を開始。この日は好天に恵まれ、県内外から訪れたスキーヤーやスノーボーダーら約200人が初滑りを楽しみ、スキーシーズンの到来を告げた。

滑走可能となったのは、上級者コース「ウォール・ストリート」（長さ600㍍、幅40㌢）。

毎シーズン訪れるという茨城県

上級者コースだからこんなに狭い？　正解は「40㍍」

「万」が抜けていた……。

ただ、さらっと「読む」のではなく、一つ一つに想像をめぐらせていきます。

たかが助数詞、されど助数詞

象は「1匹」と数えるべきか「1頭」か。象のような大型獣類は「1頭」の方がふさわしいですね。では、人間は「3人」か「3名」か……。どちらでも誤りではありませんが、毎日新聞では、「名」でなく「人」に統一することにしています。

日本語には500以上の助数詞があるとされ、「平たいものは枚で数える」「紙をとじたものは冊で数える」など、だいたいのルールがあります。一方、「一つ」「1個」など、どちらでも言える場合も。そして、はがきや写真の「枚」「葉《よう》」など、どちらを

こんな例も

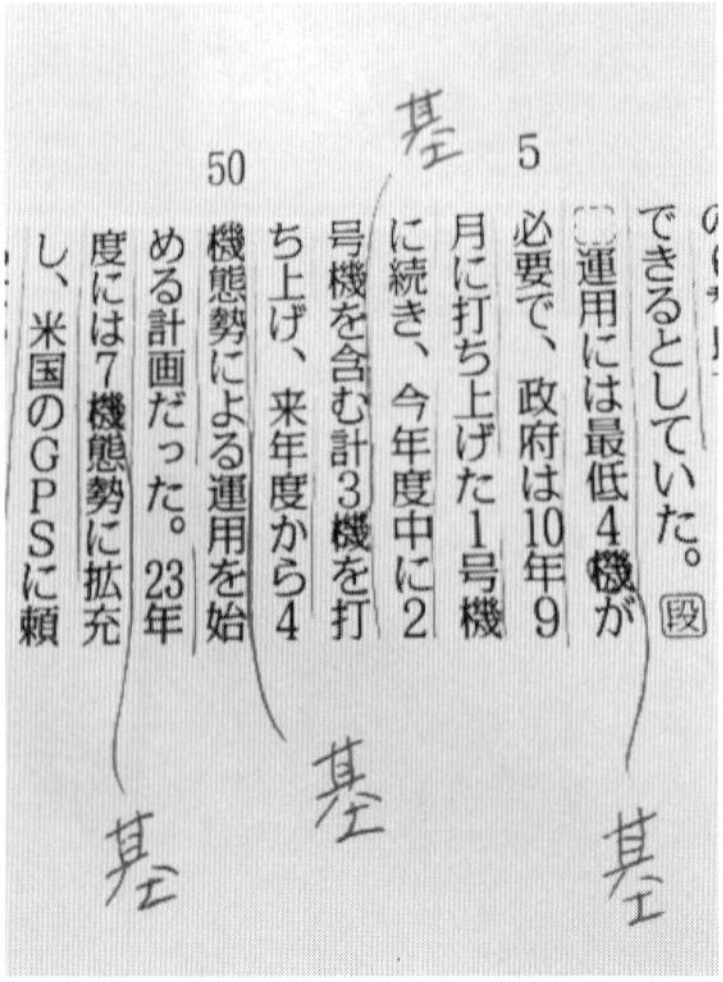
できるとしていた。㊦
□運用には最低4機が必要で、政府は10年9月に打ち上げた1号機に続き、今年度中に2号機を含む計3機を打ち上げ、来年度から4機態勢による運用を始める計画だった。23年度には7機態勢に拡充し、米国のGPSに頼

呼び名である「〇号機」と紛らわしいが、人工衛星を数える際は「基」か「個」をつける

使うかで文字が醸し出す雰囲気が変わることもあります。飯田朝子さんの『数え方の辞典』（小学館）によると、思い入れのあるものを詩的に表現したい場合は「葉」で数えることもあるとのことです。

太宰治の『人間失格』では、冒頭「私は、その男の写真を三葉、見たことがある」から始まって、読者をどきりとさせます。その「男」の名がまた「葉蔵」なのです。くり返し使われることで、「葉」の字が何か呪文めいて見えてきます。

電力（W）は蛇口の勢い、電力量（Wh）は風呂おけ内の水量

電力小売りが自由化され、複数の電力会社から、自分のライフスタイルにあった電気を選べるようになりました。

✕契約電力量が2000キロワット以上　→　○契約電力が2000キロワット以上

「電力」と「電力量」は似た言葉ですが、物理的な量として別のものです。
電力は単位時間当たりにする仕事で、電力量は電力に時間をかけたものを指します。風呂おけにためる水にたとえると、電力は蛇口から出る水の流量（単位時間当たりの水量）で、電力量はたまった水の総量です。

２０１５年８月、一部地域で次のような誤りが紙面化されてしまいました。

✕税率は1000キロワット当たり375円　→　○税率は1000キロワット時当たり375円

各家庭に送られてくる電気料金の明細書は使用した電力量に応じていますから、「ｋＷｈ」（キロワット時）という単位で書かれているはずです。電力会社も「電気料金は『基本料金』と『電力量料金』の合計」と説明しています。

学校で習う「電力」「電力量」は、実は身近なもの。東日本大震災で起こった原子力発電所の事故をきっかけに、原発の出力の単位「○○万キロワット」や、省エネすべき家庭の電力使用量の単位「○○キロワット時」が紙面に登場する頻度が高まりました。似た言葉だからといっていいかげんにせず、正確に記述したいものです。

一般家庭の平均年間消費電力量約4000キロワット時を賄うのに必要な太陽光パネルの出力は約4キロワット

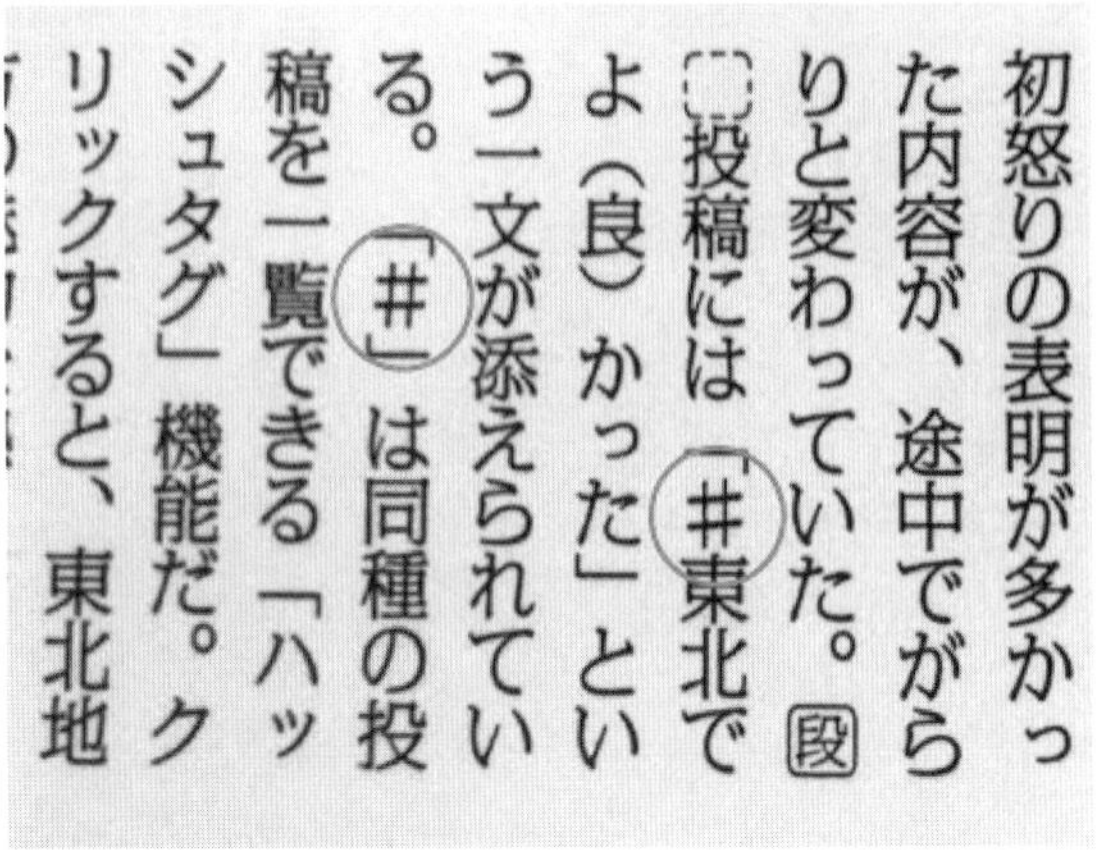
初怒りの表明が多かった内容が、途中でがらりと変わっていた。段
投稿には「♯東北でよ（良）かった」という一文が添えられている。「#」は同種の投稿を一覧できる「ハッシュタグ」機能だ。クリックすると、東北地

二つの記号、よく似ているが……

4　記号をどう使うか

ハッシュタグ記号はシャープではない

２０１７年４月、今村雅弘復興相が東日本大震災について「東北だったからよかった」と発言して辞任に追い込まれました。この発言を逆手に取って、ツイッター上などで東北の素晴らしさをアピールする投稿が広がり、毎日新聞でも取り上げました。

その原稿をよく見ると、「ハッシュタグ」を示す記号が前と後で微妙に違っていました（上の写真）。

二つを比べてみましょう。前の方は、よく見ると横棒が右上がり。こちらは半音上げることを示す音楽記号「シャープ」です。

ハッシュタグは後の方です。横棒が水平です。

『句読点、記号・符号活用辞典。』（小学館）によると、＃は番号記号であり、９通りもの呼び名が紹介されています。

井桁、番号符、ナンバー記号、ナンバーサイン、ハッシュ、クロスハッチ、パウンドサイン、オクトソープ、ダブルクロスマーク

混同している人が多いのは、日本では、電話ボタンの表示が「＃」なのに「シャープを押してください」というアナウンスが通用していることもあるかと思います。まあ、「井桁を押して」と言われても戸惑ってしまいますが……。ネットで検索してみると、シャープの「＃東北でよかった」で入力したとしても、正しい「＃東北でよかった」に誘導されるので困らないのですが、投稿する場合には、シャープ♯ではタグ付けされないようです。

「なぜ新聞は閉じかっこの前に句点をつけないのか。」

教科書では、かぎかっこ（「　」）の中でも文の終わりに当たるところには句点（。）を打っているのに、新聞で句点をつけていないのはなぜか、というお尋ねをいただいたことがありま

す。

　確かに、行政の公用文や教科書などは、かぎかっこの中でも文の終止に句点を打つのが標準とされています。これは、1946年3月に当時の文部省教科書局調査課国語調査室が作成した「くぎり符号の使ひ方〔句読法〕（案）」に準拠したものです。「案」のまま、内閣告示のような正式文書にはなりませんでしたが、これ以外に句読点に関する公式機関の文書がほぼないため、現在もこの文書に準拠していることが多いようです。

　毎日新聞で確認できるところでは、1956年に発行された毎日新聞用語集の「区切り符号の使い方」の項で、既にかっこの中の文の最後には「。」をつけないということが書かれており、戦後の早い時点で句点をつけないことにしていたようです。

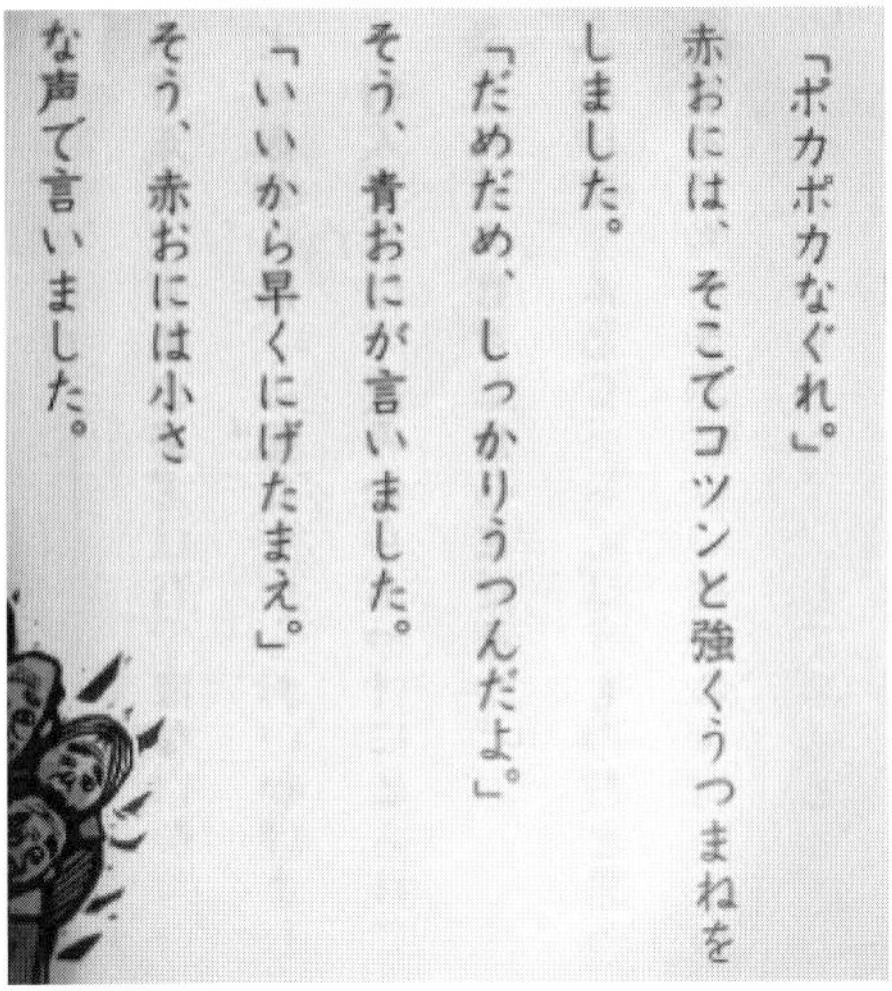

「ポカポカなぐれ。」

赤おには、そこでコツンと強くうつまねをしました。

「だめだめ、しっかりうつんだよ。」

そう、青おにが言いました。

「いいから早くにげたまえ。」

そう、赤おには小さな声で言いました。


『小学国語2下』（教育出版）の「ないた赤おに」より

する可能性も捨てきれない。「攻撃を受けた企業などが速やかに情報を共有し、被害が拡大しないよう社会全体で対策を講じる仕組み作りが重要だ」

閉じかっこの前には句点をつけない

当時は新聞も活字で組んでいたため、閉じかっこの前にも句点を打つと、句点が多くなり、行頭に来てしまっていわゆる「禁則処理」を頻繁に手作業でしなければならなくなります。日々製作する新聞の都合上、句点を省いたという事情もあったのではないかと思います。

現在では機械的な処理が可能になっていますが、それでも閉じかっこの前に句点は打ちません。

理由はやはり字数の問題です。報道の文章には発言や文書の引用が多く登場します。そのたびに句点を打つとかなりの字数がかかり、結果として読者に伝えるべき情報量が減ってしまいます。閉じかっこがあれば文の終わりであることがわかるため、読み手が戸惑うようなことはないと考えられ、少しでも字数を確保するために節約できるところは節約しようという規則になったものでしょう。

々やゝはどう入力する？

日本語に並々ならぬ関心を抱き続けた戯曲家にして小説の大家、井上ひさしさんの作品に「括弧の恋」（新潮文庫『言語小説集』所収）という短編があります。かっこ同士が文字通り泣き別れになるという、記号を擬人化した妙な話になっていますが、日々「記号」の使い方に悩まされている校閲記者にとっては笑えません。

さて、記号によっては、どう入力するのか、戸惑う方もいるのではないでしょうか。

「人々」は、ワープロ機能で「ひとびと」と打てば出ますが、単独で表示するには、「同の字点」とも呼ばれるだけに、「どう」「おなじ」と打てば変換されます。「ゝ」も「〃」も、「おなじ」などと打てば変換されます。

繰り返しならどんなものにも「々」を使うというわけではありません。例えば「老老介護」は老いた子が老いた親を介護することなどで「同じ」ではありませんから、「老々介護」としない方が、深刻さが伝わるはずです。

また、米国が韓国に配備することで紙面に登場した「ＴＨＡＡＤミサイル」は、「終末高高度防衛（THAAD）ミサイル」と訳しています。「高くて高い度」ならば「高々度」でもよいのかもしれませんが、「高い高度」のことなので「高高度」と書くのです。

「」（）【】［］『』は、ワープロ機能で「かっこ」と打てば次々変換できますが、「かぎかっこ」など、それぞれ名称があります。二重かぎかっこ（『』）は一般に書物の作品名などにも使いますが、毎日新聞では、二重でないかぎかっこでくくられた文の中でのみ使うことを原則にしています。

「彼は漱石の『草枕』を読み、『そんなことはない』と言った」

戸籍を届ける際、句読点などの記号は名前として使うことはできません。「藤岡弘、」や「モーニング娘。」は芸名だから可能なことです。記号でも、「ー」（音引き）や、「々」「ヽ」「ゞ」は、「みすゞ」のように、名前に使うことができます。

コラム 3

何でも洋数字に

漢数字でも洋数字でも、
そんな細かいことは
気にしなくていいでしょ……と思った方、
本当にそうですか？

「般参拝者」と見えて……。

（正解）１般参拝者 → 一般参拝者

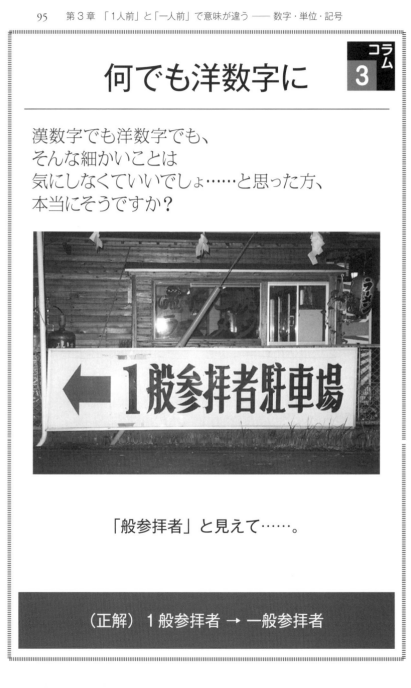

第4章

イメージ先行?・「花向け」「悪どい」

事実誤認・覚え違い

1 時がたち、時代は変われども

誤ってはならない戦争の史実

次は、1945年の「東京大空襲」を題材にしたコラム記事の一節です。どこかおかしなところがあるでしょうか。

その「最適地区」には当夜、入手した食料で7日遅れのひなまつりをし、疎開先から帰った子どもと久々のだんらんを楽しむいつもの人々の日常があった。そんなおびただしい数の人の暮らしを、1600トン以上の焼夷《しょうい》弾によって焼き払った東京大空襲である。

注：「最適地区」は、米軍が事前に砂漠に作った日本の住宅地の模型で燃焼実験をし、東京の下町を焼夷弾攻撃に「最も適した地区」と判定していた――という説を紹介した上での記述。

ヒント：数字に注意とは第3章でも述べた通りです。

校閲としては、さまざまなチェックポイントがあります。行事や祝日などが年によって違うこともあるので思い込みに注意しましょう。以前、新聞の下段の広告に載った１カ月のカレンダーで、冬至の日付が誤っているのを正したことがあります。気がついたのは冬至生まれの校閲記者。「昨年は12月21日だったけれど今年は私の誕生日と同じ22日のはず」と指摘したのでした。とはいえ、桃の節句については１９４５年も3月３日で間違いありません。

そして肝心の東京大空襲の日は１９４５年3月10日です。「東京大空襲」は日本史辞典などはもちろん、中型なら国語辞典にも載っていますし、過去記事にも度々取り上げられているので確認手段は多岐にわたります。焼夷弾が何トン落とされたかといった数字の確認もできるでしょう。空襲の被害を補償する法律の制定を求める団体のサイトには「１６６５トン」と書かれていました。研究者や調査元などによって異なる場合もありますが、「根拠」のある数字であることが大切です。

さて、この記事を校閲した記者は当初、このようにきちんと確認したつもりでいながら一つ誤りを見逃してしまいました。早版はこの文のまま載り、最終版の前に気がついて筆者と連絡を取った上で直したのです。

数字は大切ですから、3月3日のひなまつりは大空襲の7日前と計算し、「7日遅れ」を確認したつもりになっていました。

正解：その「最適地区」には当夜、入手した食料で6日遅れのひなまつりをし……（以下略）

東京大空襲は夜間ですが、3月10日の未明、午前0時すぎからだったといわれます。ということは、10日の日が暮れてからの「夜」、だんらんを楽しむような日常はありえたでしょうか。あったはずの日常の夜は、9日の夜の日付が変わる前まででしょう。「当夜」はひと続きの夜ですから、9日の日没から10日の未明にかけてを指すとしても、「ひなまつり」ができた日付は9日の側、つまり、「6日遅れ」でないと計算が合わないのです。

「知識」として東京大空襲が未明であったことは頭にあったのに、見逃してしまったのです。ただ、見逃してから何時間もたって改めて読んだときには「別の目」になることができたのでしょう。最終版だけでも直せてほっとしました。

第二次世界大戦の終結から70年以上たち、当時を肌身で知る方が鬼籍に入っていきます。そ

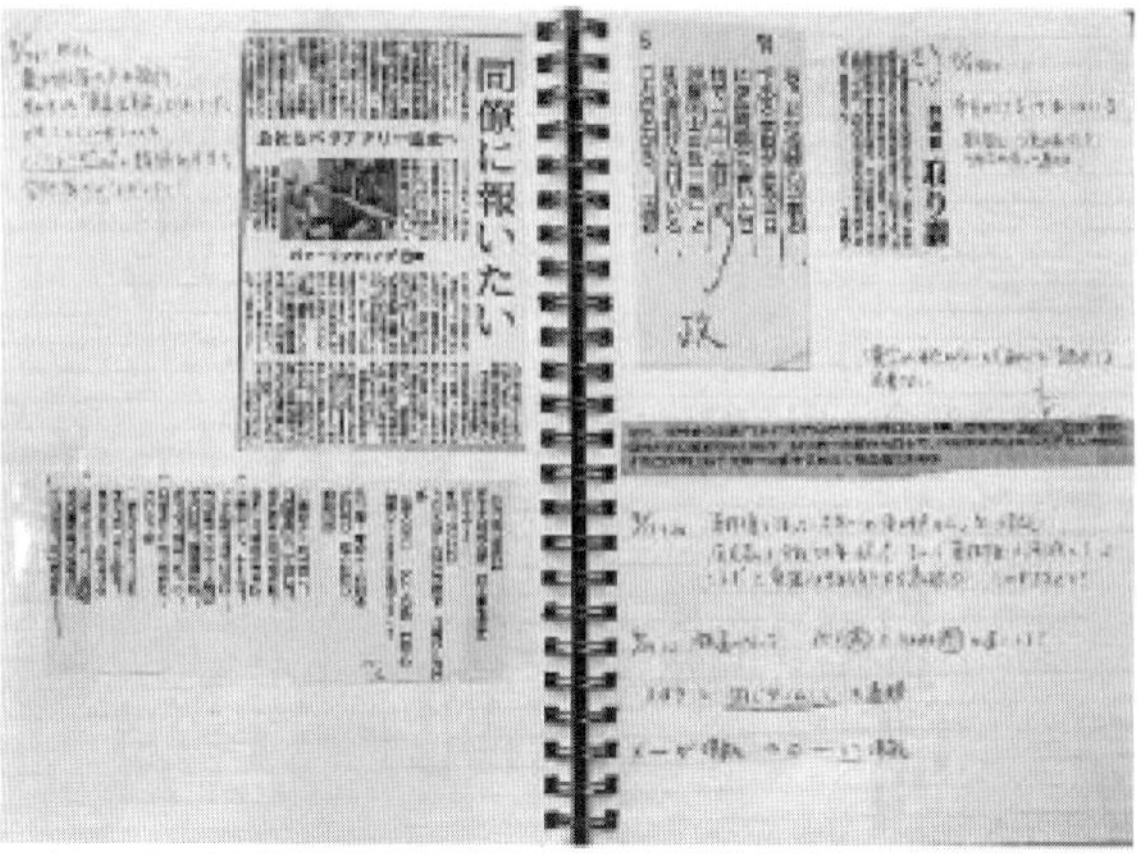

ある校閲記者のノート。「できれば自分の知識や経験を生かして、あれくらいの大きさか、こういう場面だな、なんて想像しながら、実感のこもった校閲がしたい」

れでも「忘れてはならない」ことを伝え続けるのが新聞の一つの使命です。何年、何十年たとうとも、そこに誤りがあってはいけません。

見かけなくなった物の名

「消えていく」のは戦争の記憶だけではありません。

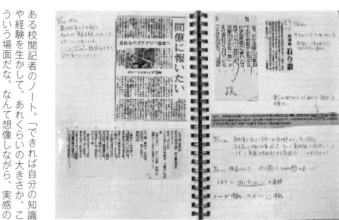

「最近では茶ぶ台のある家庭も減り……」

あるコラムで、昭和の暮らしぶりをつづった一文がありました。

× 茶ぶ台 → ○ ちゃぶ台

短い脚がついた食卓のことで、漢字で書くなら「卓袱台」です。卓袱は別の読み方をすれば、長崎の「しっぽく料理」の「しっぽく」。卓袱は中国語

昭和時代、ちゃぶ台を囲んでの親子の食事風景（1954年8月、毎日新聞東京本社写真部員撮影）

の食卓の覆いのことだそうでお茶と関係はなさそうですが、「お茶の間」にあるところから連想してしまったのでしょうか。実物はほとんど見かけなくなりましたが、「ちゃぶ台返し」などという言葉に残っています。

ちゃぶ台と同様、よく見かけるミスに「半紙」があります。子供たちの書き初めの原稿で「半紙に伸び伸びと書いた」のように書かれたりしますが、写真を見ると長い紙に書いているので「これは半紙ではありません」と校閲記者が声を上げます。半紙は延べ紙を半分に切ったものだったので「半」。今では「縦24～26センチ、横32～35センチ」（大辞泉）の和紙です。長かったり大きかったりすれば「半紙」とは呼べないのです。

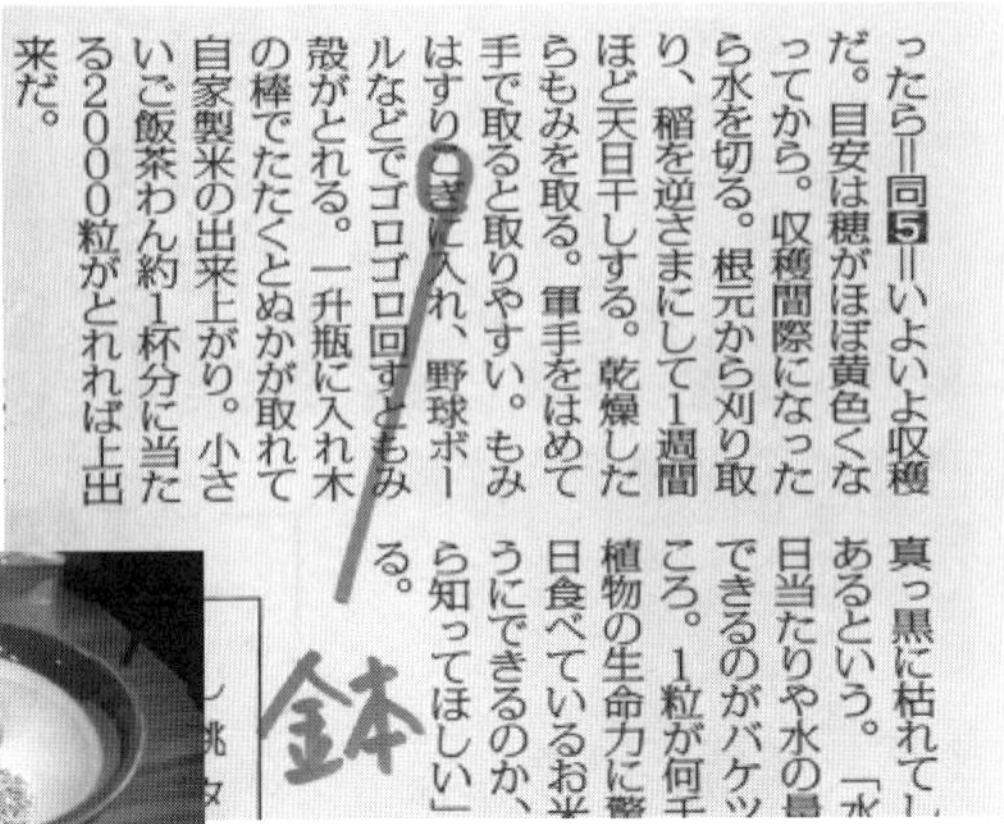
ったら＝同5＝いよいよ収穫だ。目安は穂がほぼ黄色くなってから。収穫間際になったら水を切る。根元から刈り取り、稲を逆さまにして1週間ほど天日干しする。乾燥したらもみを取る。軍手をはめて手で取ると取りやすい。もみはすりこぎに入れ、野球ボールなどでゴロゴロ回すともみ殻がとれる。一升瓶に入れ木の棒でたたくとぬかが取れて自家製米の出来上がり。小さいご飯茶わん約1杯分に当たる2000粒がとれれば上出来だ。

真っ黒に枯れてし
あるという。「水
日当たりや水の量
できるのがバケツ
ころ。1粒が何千
植物の生命力に驚
日食べているお米
うにできるのか、
ら知ってほしい」
る。

すり鉢とすりこぎ。「すりこぎに入れる」ことは不可能

料理の道具も変わると……

料理に使う道具も変化してきています。上の写真の文中に「すりこぎ」とありますが、すりこぎ（擂り粉木、擂り子木）は、するときに使う棒の方です。

魚をすり身にするにはフードプロセッサーを使う人も増えたでしょうし、ごまをするときにも、ごますり器やブレンダーを使えば楽……道具になじみがなくなれば、言葉の使い方が誤りがちになってしまうのも致し方ないのでしょうか。

料理にまつわる「道具」といえば、和装の髪飾りにも使われたような半円の「くし（櫛）」や、相撲の呼び出しや「火の用心」の夜回りに使われる「拍子木」も、実物を見る機会が減っています。そのためでしょうか。

こんな例も

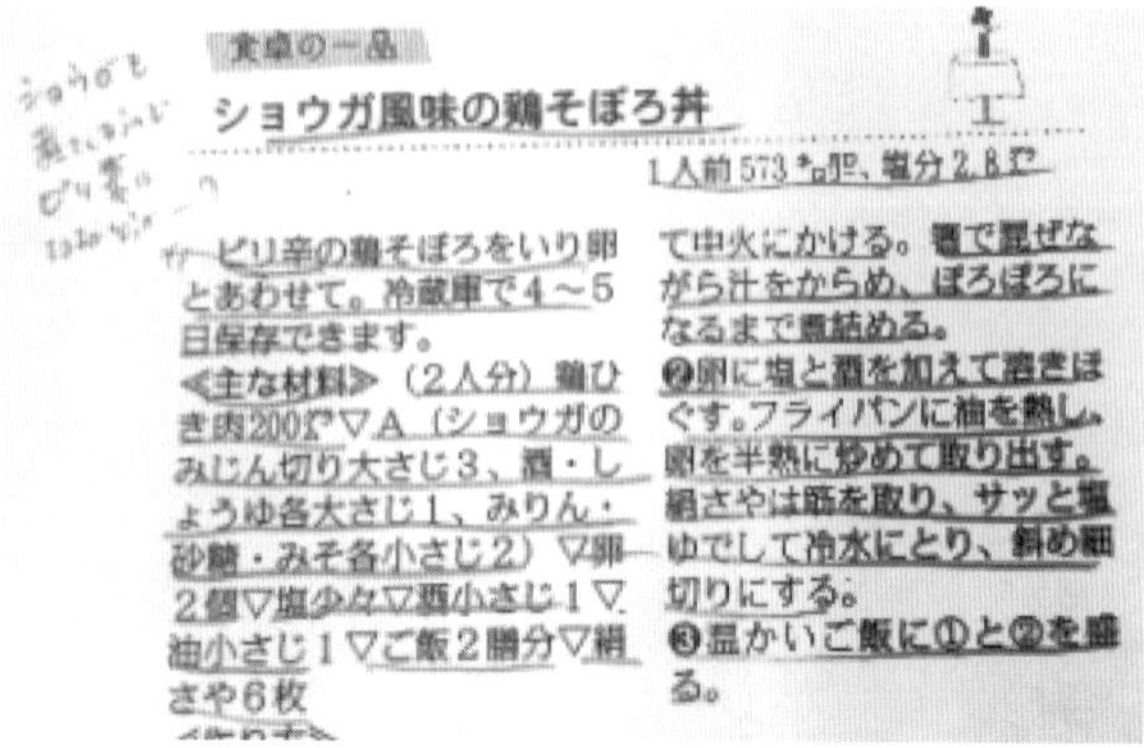

食卓の一品

ショウガ風味の鶏そぼろ丼

1人前573㌔㌍、塩分2.8㌘

ピリ辛の鶏そぼろをいり卵とあわせて。冷蔵庫で4～5日保存できます。
＜主な材料＞（2人分）鶏ひき肉200㌘▽A（ショウガのみじん切り大さじ3、酒・しょうゆ各大さじ1、みりん・砂糖・みそ各小さじ2）▽卵2個▽塩少々▽酒小さじ1▽油小さじ1▽ご飯2膳分▽絹さや6枚

て中火にかける。箸で混ぜながら汁をからめ、ぽろぽろになるまで煮詰める。
❷卵に塩と酒を加えて溶きほぐす。フライパンに油を熱し、卵を半熱に炒めて取り出す。絹さやは筋を取り、サッと塩ゆでして冷水にとり、斜め細切りにする。
❸温かいご飯に①と②を盛る。

ショウガも熱を加えてしまえば「ピリ辛」にはならないのでは……。出稿元に確認したところ「ショウガが利いた鶏そぼろ」に修正

×串切り→○くし（形）切り

×拍子切り→○拍子木切り

　このような誤りを見かけることがあります。細長い串の形と半円のくしとでは大違いですし、拍子切りだと包丁を持って拍子をとりながらぶんぶん振り回す……恐ろしいですね。

　道具の変遷とともに生活は便利になるはずです。しかし、道具が消えていき、そして言葉も消えていく……それはあまりに寂しい。言葉だけでも生き残ってほしいものです。

知らなければ着方もわからない「着物」「浴衣」「長じゅばん」

和服も日常のものでなくなりました。着るためには、着付けのできる人に頼んだり、自分で着られるように着付け教室に通ったりしなければなりません。

あるとき、「浴衣の襟元からのぞく長じゅばん」という記述を見た女性の校閲記者が「浴衣の下に長じゅばんを着ているのはおかしい。浴衣でなく着物なのでは」と気づきました。浴衣はもともと湯上がりに着る木綿のひとえで、長じゅばん（襦袢）という下着は着ないもの。彼女は着付けを習ったことがあったため気づくことができました。

あえて簡易なじゅばんを着て半襟を見せたりして、浴衣でも着物のように着こなすといった「応用」もあるようですが、それも基礎を押さえてのことですね。例えばイラストなどで着物が「左前」になっていてはいけませんし、着物を着る人にとって「常識」ならば、校閲も「知らないから見逃す」わけにはいかないのです。

2 困ったイメージ先行？

いかにもそれらしい、「花向け」「真っしぐら」

同音の響きとイメージが重なるためか、一般的な表記と違う書き方を時折見かけます。例えば、鳥の「口ばし」。辞書には「嘴」や「喙」が掲げられています。語源的には『口端』の意」（大辞泉）だそうなので、誤りとまでは言い切れませんが、新聞では「くちばし」と平仮名書きにしています。

以下に、間違いではないけれど一般的ではない書き方や、よく見かける誤記を挙げていきます。

△悪どい → ○あくどい

「あくどい商売」「あくどい色」などと使われます。どぎつさを意味する「灰汁《あく》」が語源という説や、「くどい」に関係するという説などが有力で、「悪」は語源ではないとされます。

×真っしぐら→○まっしぐら

まっすぐに進むイメージからでしょうか。馬が突き進む様を意味する「驀」と、中国語で副詞をつくる接尾語である「地」を合わせた熟語が当てられます。パソコンで「まっしぐら」と打つと「驀地」に変換されますが、当て字でしかも読みにくいので平仮名書きがよいでしょう。

×花向け→○はなむけ

送別には花束が付き物とはいえ、旅立つ際に無事を祈って馬の鼻先を行き先に向けたことが語源ですから「鼻向け」です。餞別《せんべつ》の「餞」も「はなむけ」と読みますが、一般的には平仮名がわかりやすいでしょう。

×立たずむ→○たたずむ

立つイメージからでしょう。漢字では「佇む」ですが、新聞では平仮名で表記しています。

事実誤認を誘わないように

サッカー関連の記事中、日本代表が２０１４年６月のワールドカップ・ブラジル大会で「予選敗退」したとありました。けれども、日本が敗退したのは「1次リーグ」で、れっきとした「本戦」です（その前段階、ブラジルへの切符を懸けて大陸ごとに行われたのが「予選」）。

代表への失望感も相まって普段の会話でも「予選」と言ってしまいがちですが、それこそ選手に失礼というもの。厳しいアジアの戦いを勝ち抜いてたどり着いた舞台だということは忘れないでおきたいものです。

3　おめでたい日はノーミスで

今では籍に入れてもらわない

最近は、芸能人が本人のブログで「入籍しました」と発表するケースが増えています。「入籍」という言葉は、結婚式や披露宴と区別するには便利ですが、新聞では「婚姻届を出す」と直すようにしています。

戦前は家制度があり、旧民法に「妻は婚姻によって夫の家に入る」と定められていました。女性にとっては、おおむね結婚イコール夫の籍に入ること、入籍だったのです。

現在では、戸籍法が「婚姻の届け出があったときは、夫婦について新戸籍を編製する」と定めており、２人の戸籍を新しく作ることになります。

ですから、一般の結婚で「入籍」という言葉はあたらないことが多いのです。ただ、この言葉は「新しい戸籍に一緒に入る」とも解釈できるため、辞書によっては、俗語扱いで解説しているものもあります。

とはいえ、新聞としては、古い「家制度」を連想させるような言葉を使うことは、なるべく

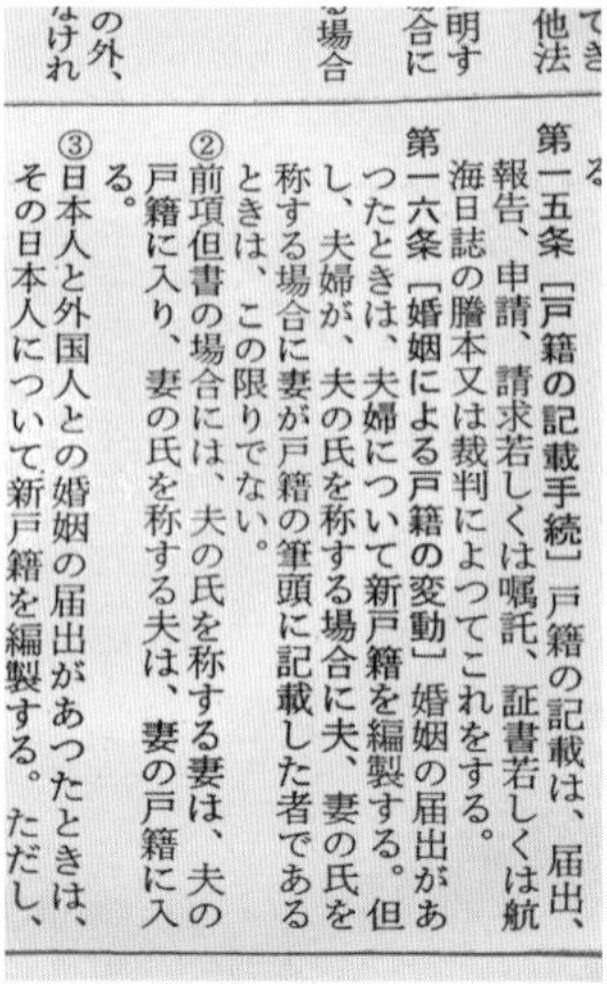
てき
他法
明す
合に
る場合
の外、
なけれ

る。

第一五条〔戸籍の記載手続〕戸籍の記載は、届出、報告、申請、請求若しくは嘱託、証書若しくは航海日誌の謄本又は裁判によつてこれをする。

第一六条〔婚姻による戸籍の変動〕婚姻の届出があつたときは、夫婦について新戸籍を編製する。但し、夫婦が、夫の氏を称する場合に夫、妻の氏を称する場合に妻が戸籍の筆頭に記載した者であるときは、この限りでない。
②前項但書の場合には、夫の氏を称する妻は、夫の戸籍に入り、妻の氏を称する夫は、妻の戸籍に入る。
③日本人と外国人との婚姻の届出があつたときは、その日本人について新戸籍を編製する。ただし、

戦後の戸籍法では、戸籍は「入る」ものではなく、夫婦が2人でつくるもの

避けるようにしています。

建国記念「の」日

２０１６年に加わった「山の日」を含め、日本には年間16日の祝日があります。おめでたい日の固有名詞ともいえる祝日は、正しく記しましょう。

×建国記念日 → ○建国記念の日

×緑の日 → ○みどりの日

×子どもの日 → ○こどもの日

これらの名称は「国民の祝日に関する法律」（祝日法）に定められています。新聞では、正式な名称

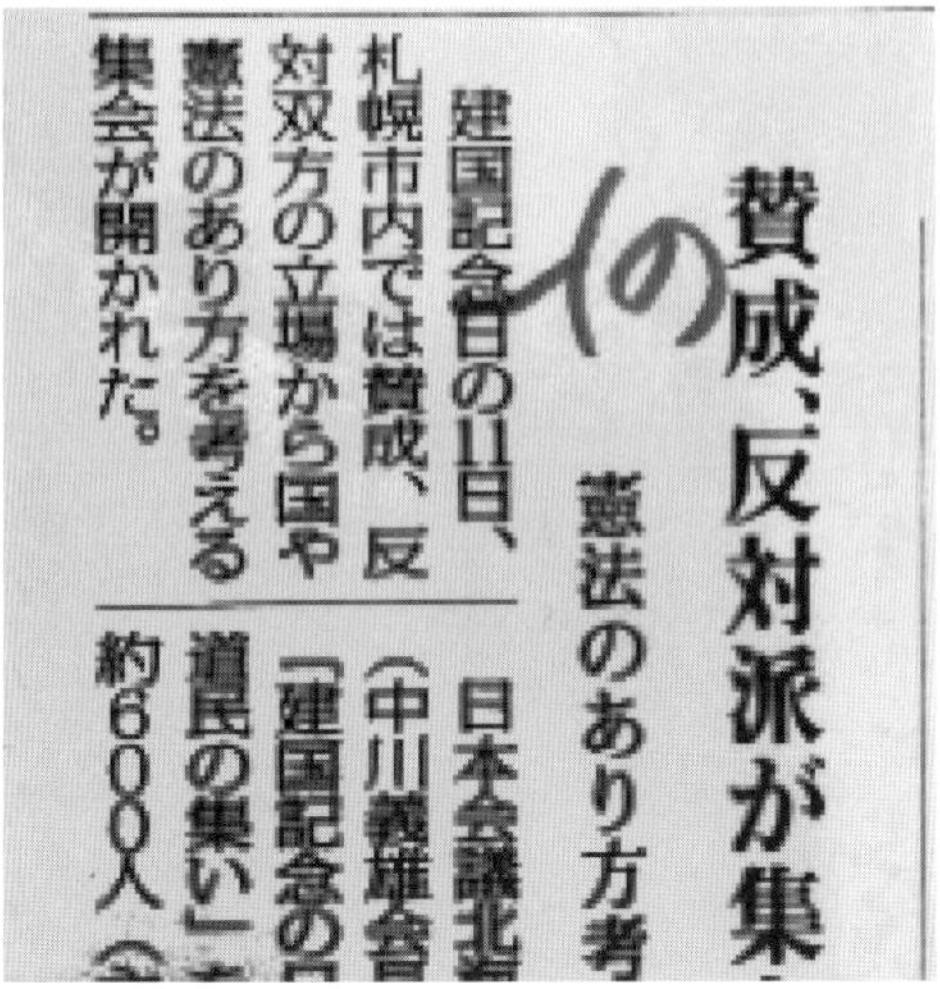
賛成、反対派が集

憲法のあり方考

建国記念日の11日、札幌市内では賛成、反対双方の立場から国や憲法のあり方を考える集会が開かれた。

日本会議北

（中川義雄会

「建国記念の

道民の集い」

約600人（

かつては紀元節と呼ばれた建国記念の日

を使うようにしています。

建国記念の日は「建国をしのび、国を愛する心を養う」日として祝日法と政令で１９６６年に制定され、翌年から祝日となりました。この日は、明治以降「紀元節」として祝われてきた日に由来します。５月３日の憲法記念日と異なり「の」が入るのは、「建国された日は明確な記録がなく、建国されたこと自体を記念する日である」（『国民の祝日と日本の文化』生方徹夫著、モラロジー研究所）からとされます。紀元節制定の根拠とされる神武天皇即位の日を、今の暦に換算することの是非など議論が多いためです。

えとイコール動物ではない

縁起がよいとされる「えとの置物」。２０１７年

「酉」にちなんだ鶏の置物。酉は十二支の 10 番目で、「西」や今の午後６時ごろも表す

は「酉年《とり》」で、1年間、写真のような置物を飾ったりします。秋から暮れにかけて、動物の置物づくりが話題になります。同時に、校閲記者の直しの手も忙しくなります。

×２０１７年のえと「酉」の置物
○２０１７年のえと「酉」にちなんだ置物

なぜ「にちなんだ」と直すのでしょう。

現代の生活でえとといえば「今年のえとはとり年、来年はいぬ年」というように十二支を指し、動物を思い浮かべることが多いと思います。しかし、もともと動物とは関係ありませんでした。

えとは漢字で「干支」と書きますが、これは十干と十二支を組み合わせたもので、「かんし」とも読

「申」の置物
制作ピーク
萬古焼
三重県四日市市羽津山町の萬古焼の窯元「丸英陶器」で、来年のえと「申」の置物作りが最盛期を迎えている。
置物は高さ約10センチで、紅白や金銀の親子ザルなど大小約40種類。それぞれぽっちゃりと丸みを帯び、首をひねり、やや上向きの目線が愛くるしい。水

秋から暮れの風物詩？「えとの置物」の直し

みます。干支の起こりは古代中国にまでさかのぼり、この組み合わせによって年や月などを表しました。戊辰戦争や辛亥革命は起きた年の干支からこう呼ばれます。阪神甲子園球場は完成した年が「甲子《きのえね》」だったことにちなんでいます。時刻や方角を表すのにも使われてきました。

干支は十干と十二支の組み合わせで60あるのですが、今は年に当てはめた十二支だけを指しても「干支」「えと」と呼ぶ人が多く、ややこしいことになっています。

そして、年の順番を表す十二支が酉年＝鶏、戌《いぬ》年＝犬――というのは覚えやすいように当てられただけのものです。

一般に十二支の動物が浸透しており、「そもそもは……」とばかり言っていてよいものか難しいとこ

ろですが、今のところは「にちなんだ」とすることで、「イコールではない」書き方をしようと努めています。

・十干＝甲《きのえ》・乙《きのと》・丙《ひのえ》・丁《ひのと》・戊《つちのえ》・己《つちのと》・庚《かのえ》・辛《かのと》・壬《みずのえ》・癸《みずのと》
・十二支＝子《ね》・丑《うし》・寅《とら》・卯《う》・辰《たつ》・巳《み》・午《うま》・未《ひつじ》・申《さる》・酉《とり》・戌《いぬ》・亥《い》

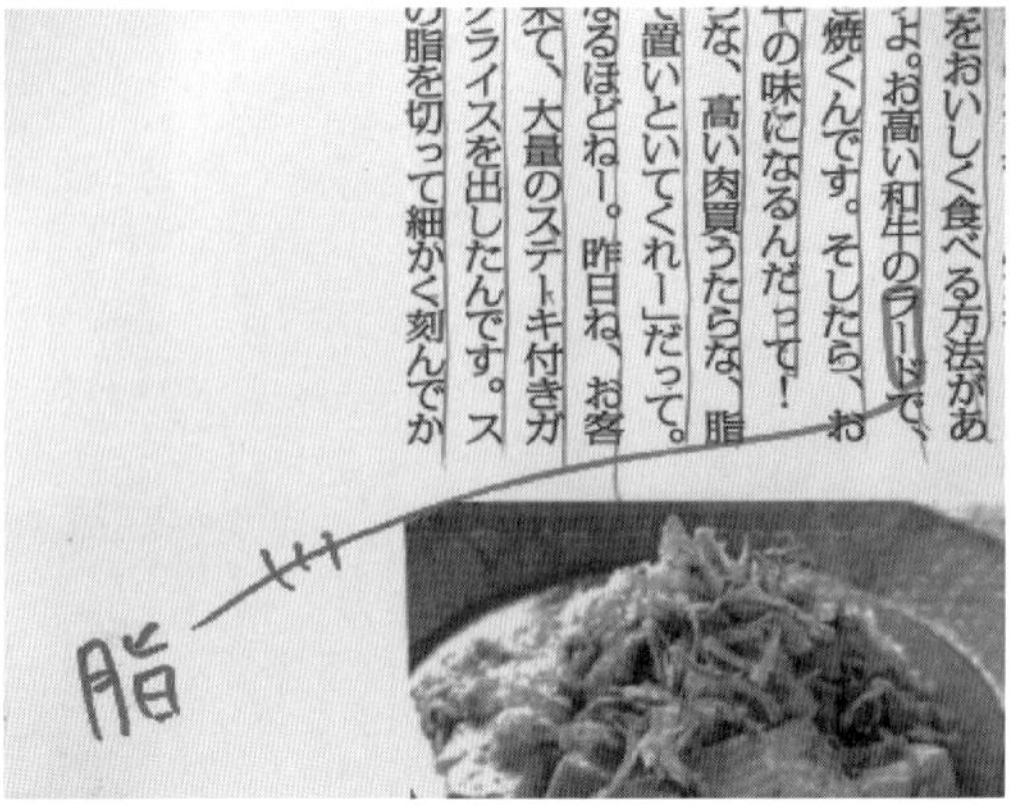
をおいしく食べる方法があ
よ。お高い和牛のラードで、お
焼くんです。そしたら、お
牛の味になるんだって！
な、高い肉買うたらな、脂
置いといてくれー」だって。
るほどねー。昨日ね、お客
来て、大量のステーキ付きガ
ライスを出したんです。ス
の脂を切って細かく刻んでか

脂は脂でも「ラード」は豚。ここでは「和牛の脂」とした

4　それぞれ、違います

豚の脂は「ラード」、牛の脂は「ヘット」

「ラード」は豚の脂のことなので「和牛のラード」はありえません。牛の脂は「ヘット」といいますが、日本では「ラード」ほどはなじみがなく、「牛脂」とすることもあります。

餅をつくる米は餅米ではない？

餅や赤飯などに使う穀物は「餅米」でなく「もち米」と書くようにしています。穀物の方は「糯《もち》」だからです。

とはいえ、実は毎日新聞の「もち米」の表記は行きつ戻りつしました。「餅」は２０１０年に追加さ

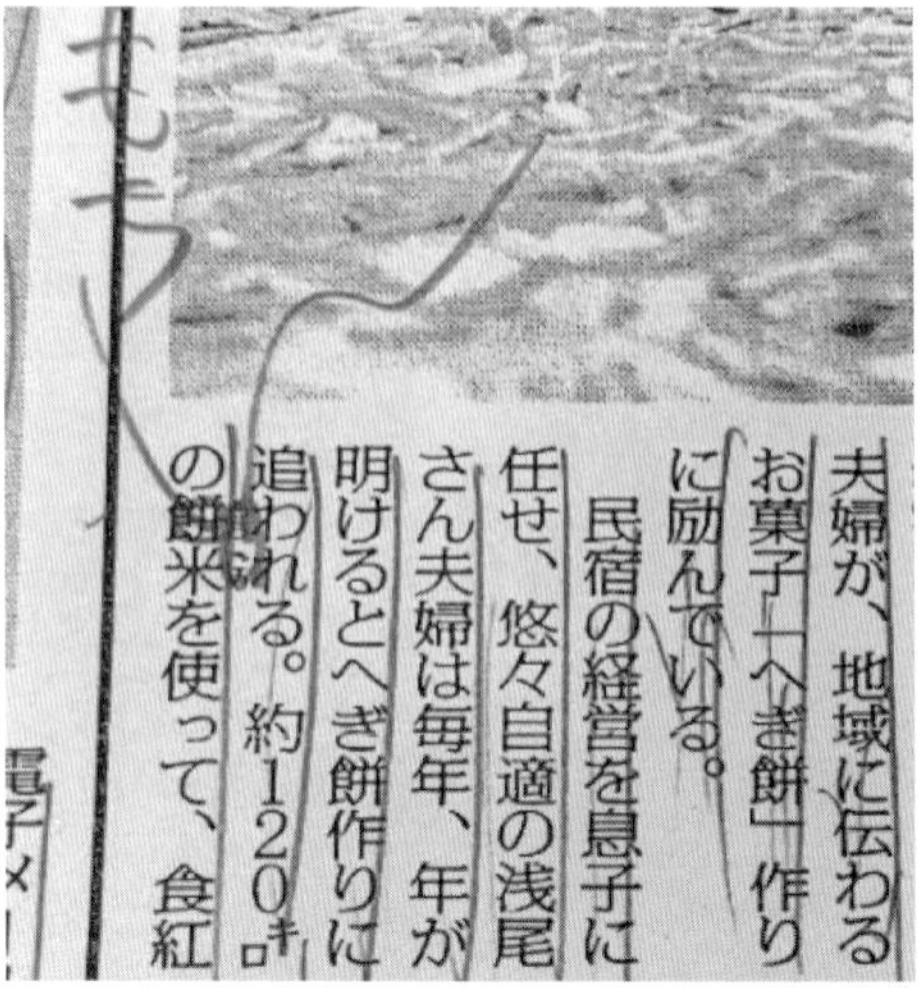
夫婦が、地域に伝わる
お菓子「へぎ餅」作り
に励んでいる。
　民宿の経営を息子に
任せ、悠々自適の浅尾
さん夫婦は毎年、年が
明けるとへぎ餅作りに
追われる。約120キロ
の餅米を使って、食紅

糯米は、糯稲《もちいね》から取れる米のこと

れた常用漢字の一つですが、毎日新聞はそれに先立つ2001年から読み仮名なしで使えることにしていました。そのときは「もち米」についても本来は糯米であることはわかった上で「餅米」と書くことにしたのです。

　糯の字は常用漢字でないだけでなく難読であり、辞書でも「餅米」という表記を載せているものが複数あったことがその理由です。しかし、その後の社内外の議論や、「糯米・餅米」と併記する辞書はあっても「餅米」のみを掲げる辞書が見当たらないということなどから、「もち米」の表記にすることにしたのでした。

　なお、普段食べるご飯は「うるち米」を炊きます。漢字は「粳米」ですが、これも難読ですし、一般的にもあまり漢字で書かないでしょう。「もち米」「う

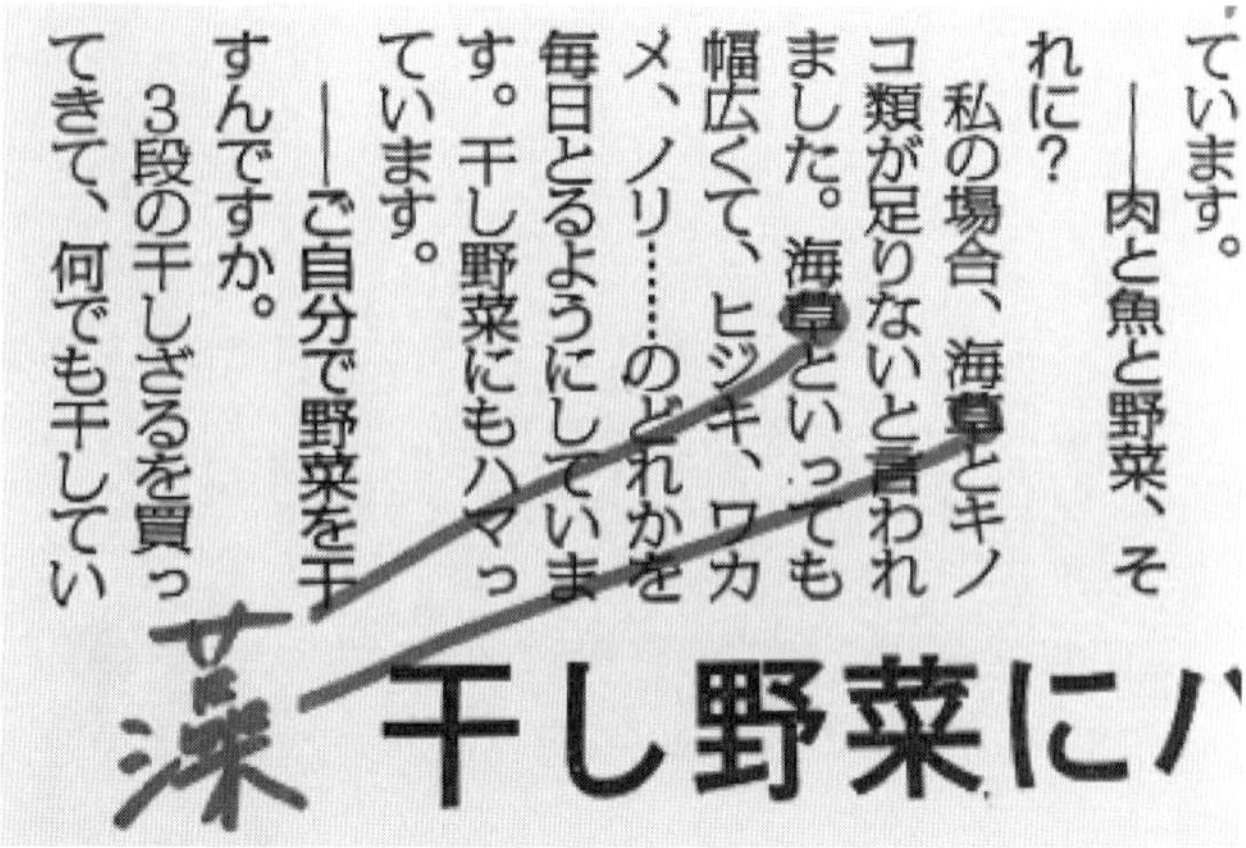
ています。

――肉と魚と野菜、それに？

私の場合、海草とキノコ類が足りないと言われました。海草といっても幅広くて、ヒジキ、ワカメ、ノリ……のどれかを毎日とるようにしています。干し野菜にもハマっています。

――ご自分で野菜を干すんですか。

3段の干しざるを買ってきて、何でも干してい

干し野菜にハ

海の草とは違う「海藻」

るち米」で十分です。

食べる海藻、食べられない海草

海の「かいそう」には「海草」と「海藻」があります。

コンブ、ノリ、ヒジキ、ワカメなど人が食べるのはほぼ藻類で、「海藻」です。花は咲かず、胞子によって子孫を増やします。

一方、アマモ、イトモ、スガモなどの「海草」は海中植物で、花も咲きます。広辞苑によると、アマモは葉を肥料や布団の芯とし、草履の材料にもするそうです。

ヒツジとヤギ

一般的に角は渦巻き状、毛は縮れ、刈って毛織物

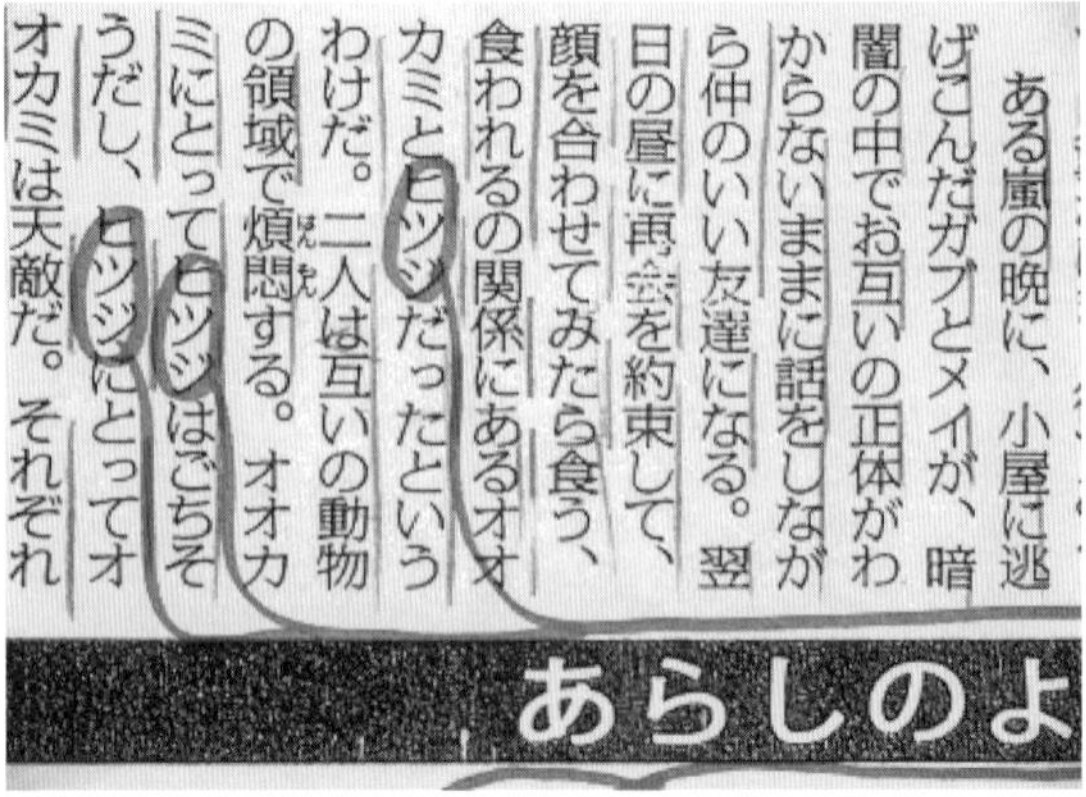

ある嵐の晩に、小屋に逃げこんだガブとメイが、暗闇の中でお互いの正体がわからないままに話をしながら仲のいい友達になる。翌日の昼に再会を約束して、顔を合わせてみたら食う、食われるの関係にあるオオカミとヒツジだったというわけだ。二人は互いの動物の領域で煩《はん》悶《もん》する。オオカミにとってヒツジはごちそうだし、ヒツジにとってオオカミは天敵だ。それぞれ

あらしのよ

絵本の世界が歌舞伎にもなった『あらしのよるに』。
姿を思い浮かべられれば書き間違えることもないのでは

などになるのがヒツジ（羊）で、ヒツジより首が長く、角が後ろに伸びてあごひげが生えているのがヤギ（山羊）です。いずれも鳴き声が「メー」と書かれるからでしょうか、混同されてしまうことがあります。

絵本『あらしのよるに』（木村裕一著、講談社）でオオカミの「ガブ」と友達になる「メイ」は、ヤギでした。

イラストにも目配りを

校閲の仕事は文字だけを相手にしているわけではありません。

あるとき、サンゴを食い荒らすオニヒトデについての研究成果が記事になりました。編集者が気を利かせて左の写真のようにイラストをあしらったゲラ

オニヒトデ 仲間呼ぶたんぱく

大量駆除に道

沖縄科技大学院大教授らが特定

サンゴを食い荒らすオニヒトデは、特有のたんぱく質を出して仲間を呼び寄せる性質を持っていることが分かったと、沖縄科学技術大学院大の佐藤矩行教授（進化発生生物学）らが5日付の英科学誌ネイチャー電子版に発表した。このたんぱく質を利用すれば、オニヒトデを一網打尽にできる可能性があるという。

オニヒトデは最大約30センチの大型ヒトデ。全身が毒のあるトゲに覆われ、サンゴを食べる。1970年代から沖縄や豪州など世界中のサンゴ礁で大発生し、貴重なサンゴ礁が死滅する一因になっている。沖縄では年間10万匹以上が駆除されているが追いつかないという。

佐藤教授らはオニヒトデがいる海水を分析し、オニヒトデ特有のたんぱく質を少なくとも6種類見つけた。さらにヒトデ類では初めてオニヒトデのゲノム（全遺伝情報）を解読したところ、トゲや口にこれらのたんぱく質を作る遺伝子や感じ取る器官があり、海水中にたんぱく質が増えると、オニヒトデが集まる性質が分かった。

このたんぱく質で他の生き物が集まることはなく毒性もない。人工的に作り出す研究も進んでおり、オニヒトデを大量駆除できる可能性がある。

沖縄と豪州のオニヒトデのゲノムは、98・8%という高い割合で一致していることも分かった。佐藤教授は「船体のバランスをとるために船に取り込むバラスト水で広がるなど、人間が大発生に関与している可能性が高い」と話している。【酒造唯】

きれいに「ヒトデ」のイラストをあしらってあるが、残念ながら紙面では外した

ができたのですが……。

確かにヒトデで思い浮かべるのはこのような星形の生物です。ところが、ヒトデの中でもオニヒトデは、まったく違う外見なのです。次のページの写真にあるように、もっと多くの腕を持ち、全体がとげに覆われています。

編集者に伝えたところ、イラストは外して掲載されました。

いかにもヒトデっぽいイラストは、それはそれでわかりやすくていいのかもしれないとも思いましたが、オニヒトデを知っている人には違和感が強いことでしょう。その違和感が、記事の内容を伝える妨げになってはもったいないことです。

また別のときには、星座が描かれたイラストが付いたのですが、あるべき星がない、つながっている

サンゴに乗ったオニヒトデ（和歌山県白浜町沖で、山本芳博撮影）

べき星がつながっていない、などの指摘もしました。

校閲はヒトデや星座の形にまで詳しくなければならないというわけではありません。読者の目に入るものについては隅々まで調べて確認をするのが校閲の仕事なのです。

5 フィクションでも事実は押さえる

それをリュックに入れてはいけない

毎日新聞に毎週登場していた西原理恵子さんの人気漫画「毎日かあさん」で２００９年5月、小学生の男子が「うまか棒」をリュックに詰め込む場面がありました。

校閲記者は新聞の文字だけ見ているわけではなく、図表や漫画も見ます。「うまか棒」は明治のアイスキャンディーです。そのままリュックに入れたらとけてしまいます。これはスナック菓子の「うまい棒」（やおきん）の間違いではないかと西部本社（北九州市＝当時。西部本社の校閲グループは２０１７年に大阪本社に統合）の校閲記者が声を上げました。「うまか棒もうまい棒も愛食していた」同記者はすぐ気づいたといいます。しかし、掲載当日のことで、社外の筆者に確認をして絵を直すだけの時間的な余裕はなく、直すことができませんでした。

いずれも１９７９年発売のロングセラー。人気もあり、見た目も名前も似ていれば、混同するのは無理もないことです。

アイスキャンディーの「うまか棒」（左）、
スナック菓子の「うまい棒」（右）

単行本化される際には東京本社の校閲記者が直しを出して、「うまい棒」で出版されたことは幸いでした。

新幹線はやぶさは上野駅を「通過」した

直木賞作家、白石一文さんによる、余命1年を宣告された50代の男性を主人公に展開する小説「神秘」が２０１２年９月１日～２０１３年12月28日、毎日新聞夕刊に連載されました（単行本は２０１４年４月に毎日新聞社より刊行）。

２０１３年11月、すでに別の校閲記者のチェックを終えた最終ゲラを前出の西部本社の校閲記者が手にしました。主人公が宮城・石巻へ向かう場面で、白石さんは列車の発車時刻など細部まで描写しており、このようなくだりもありました。

「このはやぶさは途中、上野と大宮にしか停車しない」

念のため調べることに。時刻表を広げて、主人公が乗ったという当時の東北新幹線「はやぶさ9号」を見ると、上野は通過することになっています。はやぶさには上野と大宮に停車するもの、上野を素通りして大宮に停車するものとがあったのです。主人公の降りる仙台までの「所要時間は九十一分」という記述も確かめました。小説担当の部署を通じて筆者の了解が得られ、紙面では次のように直りました。

「このはやぶさは途中、大宮にしか停車しない」

小説はフィクションですが、細部まで描写し、恐らくリアリティーを重視したであろう作者の意図に、少しはお役に立てたでしょうか。

コラム 4

危ないワイン

カフェやレストランのメニュー、看板にも誤りが。思い切って言おうか、よけいなお世話かと、注文を前に、別の意味で気をもみます。

お店の方に言いそびれたままでしたが、気になって後日行ってみたところ、別の店になっていました。系列店を見つけて訪問したところ、同じ部分が「スパークリングワイン」になっていたのでほっとしました。

（正解）発砲→発泡

第5章

「雨模様」は降っている？ いない？

表現のニュアンス

1 「慣用」の言葉

使っている人が多ければ正しい？

「慣用句」とは何でしょうか。

新明解国語辞典を引くと、「慣用」は「規範（理屈）には合わないが、事実として世間一般に広く用いられること」、「慣用句」は「二つ以上の単語が連結した結果、それぞれの語に分解しては出て来ない、別な意味を全体として表わすもの」と書かれていました。

では、「世間一般に広く用いられる」とは、どういう状態でしょうか。例えば「枯れ木も山のにぎわい」の意味はどう考えますか。

A　つまらないものでもないよりはまし
B　人が集まればにぎやかになる

本来の意味はAで、「枯れ木も山のにぎわいと申しますから、私も参加させていただきます」など、謙遜の意味で使われます。

ところが、文化庁が１９９５年度から行っている「国語に関する世論調査」によると、２０04年度はAと答えた人が38・６％、Bと答えた人が35・５％と、かろうじてAが上回っていましたが、10年後の２０１４年度調査では、Aが37・６％と１ポイントダウン、Bが47・２％で、逆転しています。

Bの意味に捉えている人は謙遜のつもりはありませんから、「枯れ木も山のにぎわい、ぜひご参加を」などと言って誘ったりすることもありそうです。言われた方がもしAの意味で捉えたら、皮肉と受け取ったり「どうせ枯れ木ですよ」と悲しんだりするかもしれません。

夏が来れば思い出す……「ゲキを飛ばす」

夏が来ると、高校野球の記事が盛り上がります。見るたびに引っかかってしまうのが、「ゲキを飛ばす」の使い方です。ゲキは「檄」ですが、なじみのない漢字で常用漢字表にも入っていませんから、新聞では仮名で書きます。

スポーツの試合や練習の場面でよく使われ、特に野球の記事で見かけます。

「お前だったら打てる」とゲキを飛ばされ、気が楽になった。
「楽しく行こう」と沈むベンチのナインにゲキを飛ばした。
応援スタンドからは「もっと点を取ってやれよ」と選手にゲキが飛んだ。
「やれることをやってきたんだ」。泣き崩れるナインにゲキを飛ばした。
監督はベンチから「攻めろ」「自信を持て」とナインにゲキを飛ばした。

要するに、励ます、強い調子で声をかけるといった意味で使われています。スタンドからの声になると、むしろヤジに近いかもしれません。
「檄」はもともと、古代中国の木札に書かれた文書のこと。人々を招集したり教え諭したりするために用いられました。そこから「檄を飛ばす」は「自分の主張や考えを、広く人々に知らせて同意を求めること」として使われるわけですが、「ゲキ」の音が刺激や激励の「激」に通じるからでしょうか、激しい調子の言葉や激励の意味で使われるようになってきています。

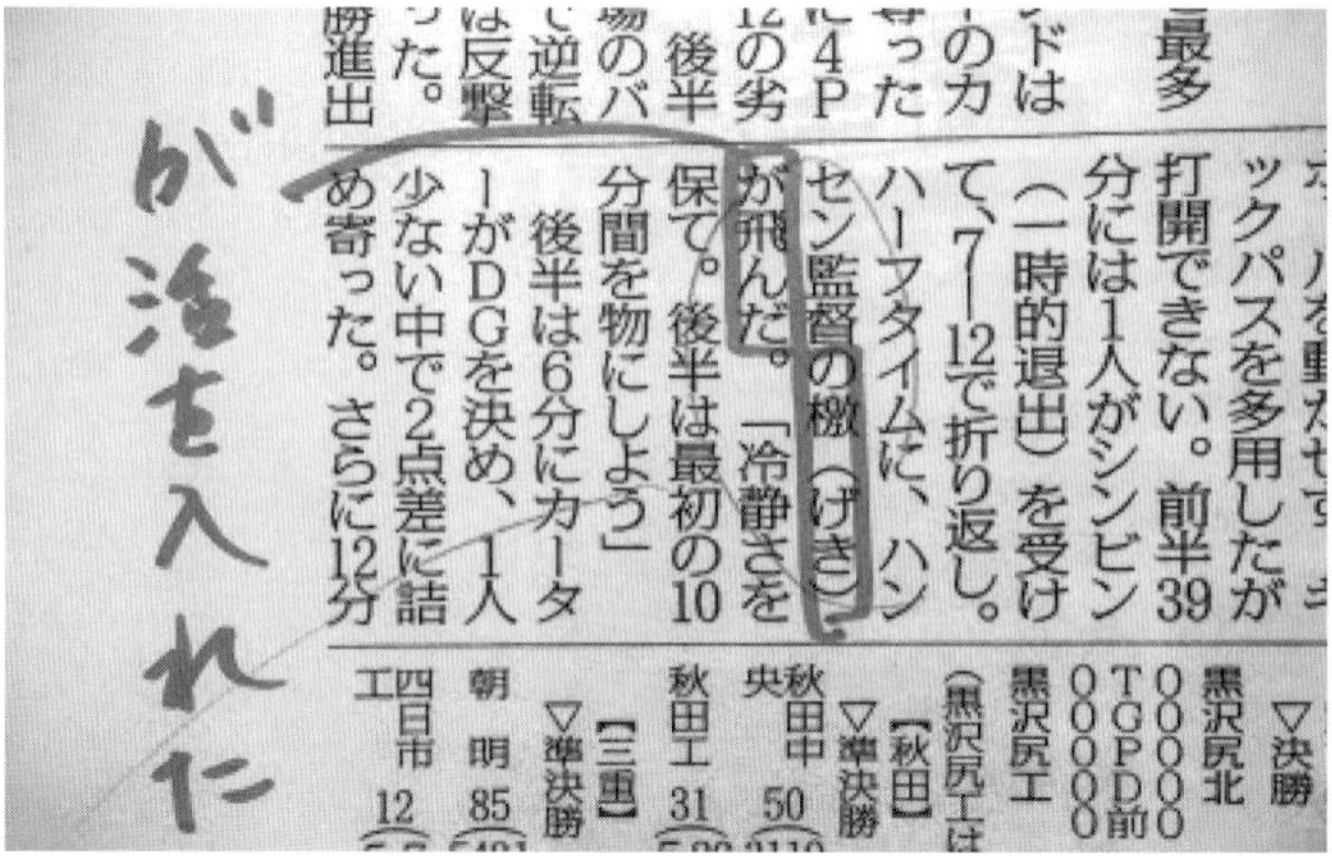

「かつを入れる」は「喝」でなく「活」ということにも注意

文化庁の２００７年度「国語に関する世論調査」で「檄を飛ばす」の意味について尋ねています。結果は、本来の意味で答えた人が19・３％、「元気のない者に刺激を与えて活気付けること」が72・９％でした。７割以上の人が「誤用」の方になじみがあると答えているわけです。２００３年度にも同じ質問をしていますが、そのときも14・６％、74・１％という結果で、大きな違いはありません。

毎日新聞の記事データベースを見てみると、近年「ゲキを飛ばす」の使用は減少傾向にあることに気づきました。１９９６～２０００年の５年間に東京本社版（地域面を除く）に「ゲキ（檄）を飛ばす（が飛ぶ）」が出てきた記事は１１１件でしたが、２０１１～２０１５年は13件。その後も減っています。この中に「本来の意味」で使用されたものもあるでしょうから、「誤用」はもっと少ないことになります。

記事での使用が減った原因の一つには、文化庁の調査もあるでしょう。ニュースとして報じられればアナウンス効果が大きく、それは取材記者や校閲記者に対しても同様です。記事での使用をためらったり、紙面化される前に直したりするケースが増えている可能性があります。実際の校閲作業ではまだ見かけますが、この調子でいけば「ゲキが飛ぶ」ことは消えていくでしょうか。

もちろん、いつまでも旧来の用法を使用することだけが正しいわけではありません。大辞泉では、2012年発行の第2版から、「檄を飛ばす」の項で、「誤用が定着して『がんばれと励ます』『激励する文書を送る』という意味でも用いられる」と説明しています。かなり踏み込んだという印象を受けますが、いずれは誤用の方が主流になる可能性もあります。

野球場に「ゲキ」の飛ばなくなる日は来るのでしょうか、それとも、飛ぶ方が当たり前になるのでしょうか。

「雨模様」は、降っている？　降っていない？

春雨、時雨、しのつく雨……日本は雨にも、雨の言葉にも、恵まれた国です。

さて、「雨模様」と聞いたとき、どんな天気を思い浮かべますか。

空は暗く曇り、小雨がぱらつく「あいにくの天気」を想像する方も多いのではないでしょうか。

雨模様は「あめもよう」とも「あまもよう」とも読みますが、「雨催《もよ》い」が変化したものと言われており、今にも雨が降り出しそうな曇り空のことです。つまり、雨は降っていません。「模様」も「空模様」といえば、実際の天気、空の様子のことですから「催い」が「模様」に変わったことが「誤解」を生んだのかもしれません。

辞書はどうでしょう。本来の意味のみを載せた新明解国語辞典や、「雨の降る様子を言うのは誤用」と明記した岩波国語辞典がある一方、「最近の言い方で」という注釈をつけて「小雨が降ったりやんだりすること」も載せる明鏡国語辞典や、注釈なしに「小雨が降ったりやんだりする天候」も載せている三省堂国語辞典もあります。

２０１０年度の「国語に関する世論調査」では、「外は雨模様だ」という文に対して「小雨が降ったりやんだりしている様子」と答えた人は47・５％で、「雨が降りそうな様子」と回答した43・３％を上回りました。

原稿に「雨模様」と出てくると、校閲記者はまず出稿部に実際の天気を確認します。たいて

本来は「雨が降りそうな様子」だが……

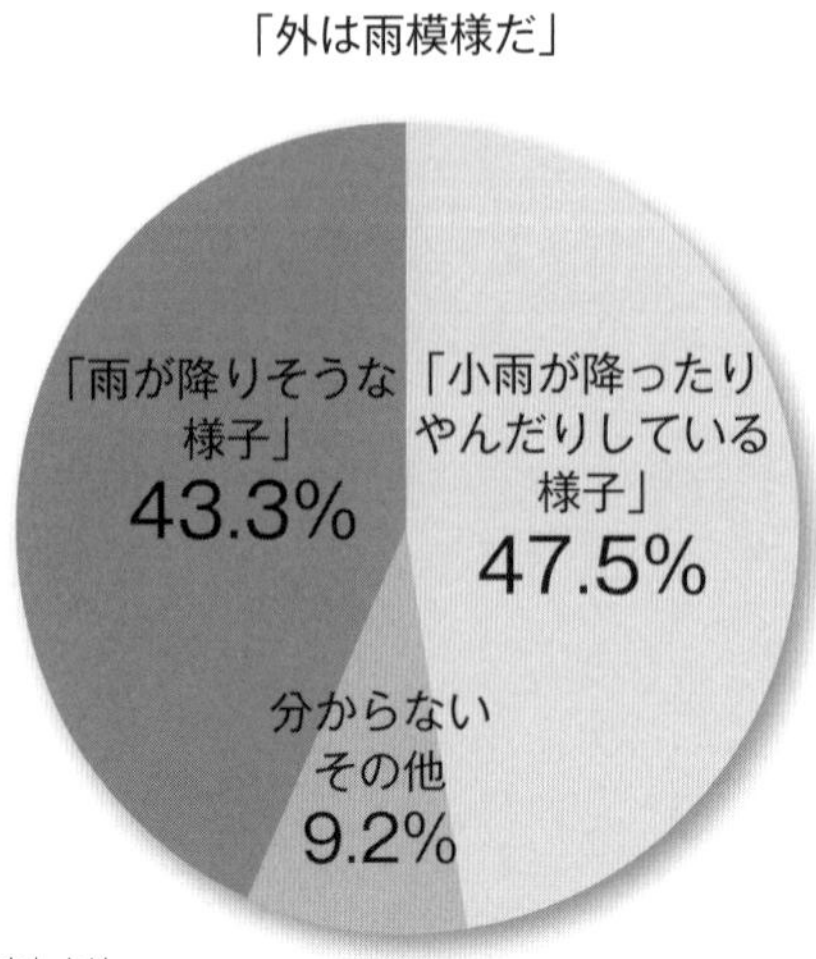

文化庁・2010年度「国語に関する世論調査」より

いは「あいにくの雨」というニュアンスを伝えるために使われています。校閲としては「雨模様」が適切ではないことを説明し、「小雨が降る中」などと直すことになります。

しかし、本来の曇り空の意味で使われていたとしても、喜ぶことはできません。世論調査の結果にもあったように、読んだ人が降っている場面を想像してしまう可能性が低くないからです。ですから、この場合も新聞では「曇り空の下」などと直すことになってしまいます。

「正しい」言葉、「本来的な使い方」を追求するのが校閲記者。それはそうなのですが、一方で、新聞の校閲記者である以上、事実を正しく確実に読者に伝えることが大切な役割です。このように、使われ

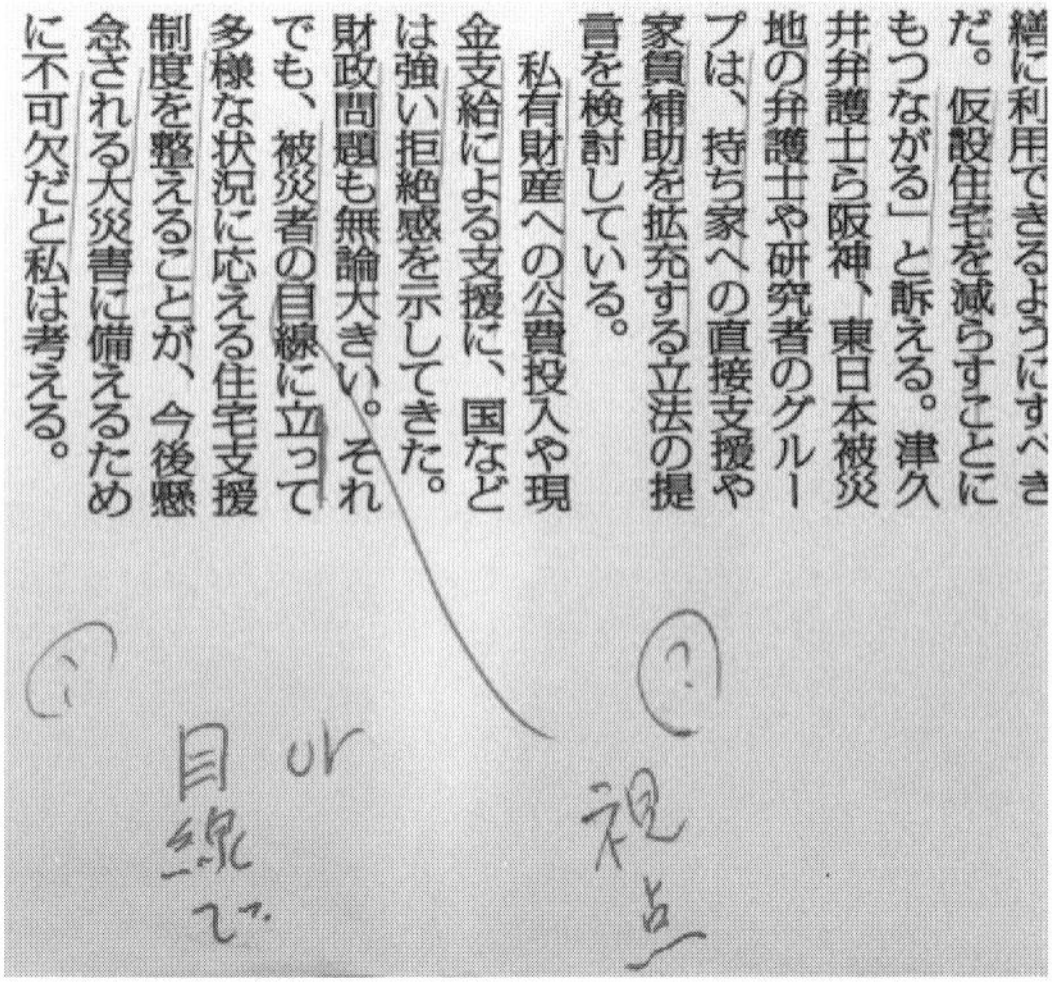

繕に利用できるようにすべきだ。仮設住宅を減らすことにもつながる」と訴える。津久井弁護士ら阪神、東日本被災地の弁護士や研究者のグループは、持ち家への直接支援や家賃補助を拡充する立法の提言を検討している。

私有財産への公費投入や現金支給による支援に、国などは強い拒絶感を示してきた。財政問題も無論大きい。それでも、被災者の目線に立って多様な状況に応える住宅支援制度を整えることが、今後懸念される大災害に備えるために不可欠だと私は考える。

「視点」の方が「立つ」感じに合いそう。「目線」を使いたければ「目線で」と書くという手も

方が時代とともに変化したり、多くの人が新たな意味で捉えるようになったりした言葉は、新聞では使いにくい、そんな現実もあります。涙をのんで「この言葉は使えない」と判断することもあるのです。

「目線」は俗語か。「上から目線」でなく考える

「目線」という語はもともと、映画・演劇の世界で演技者が目を向ける方向のことを指していました。日本国語大辞典には、この意味とともに、戸板康二さんの著書『楽屋のことば』の一節「役者が演技中に、月を見あげたり、山を眺めたりする時の、目のつけどころを『目線（メセン）』という。視線とはいわない」が引いてあります。そして、その後に別の意味「転じて、一般に視線をいう」も載せていま

す。

ほぼ同じ意味ですので、毎日新聞では、特段のことがなければ「視線」とすることを原則としてきました。毎日新聞用語集は「通常、一般社会で使わない隠語、品位がなく読者に不快感を与えるような語句は使わない。口語体で一般化している俗語も安易に使うことはしない」としており、2008年ごろから「上から目線」という形で盛んに使われ始めた「目線」は、「俗語」と判断していたからです。

しかし、その後も使われ続け、現在も頻繁に登場し、定着が進んできました。辞書もその実態を無視できず、ほぼどの辞書も項目語として採用しています。採用した辞書の多くは「視線と同じ意味」ということと「その立場からの見方」という説明をしています。ニュアンスとして、「ある立場から見たという意味を含む視線」が「目線」です。「視線」との違いは「線」より「点」、つまり「視点」（三省堂国語辞典）が強調されていると言えるでしょう。

盛んに使われ出したきっかけは「上から目線」の流行で、やはり俗語ではあったと考えられます。しかし、もともと映画・演劇用語として存在した言葉で、辞書も広く採用しており、頻繁に登場するとなれば、もはや俗語と言い切れなくなってきたのではないか、むしろ「視線」より「ある立場から見た」というニュアンスがあった方が読者にはわかりやすく、記事の内容

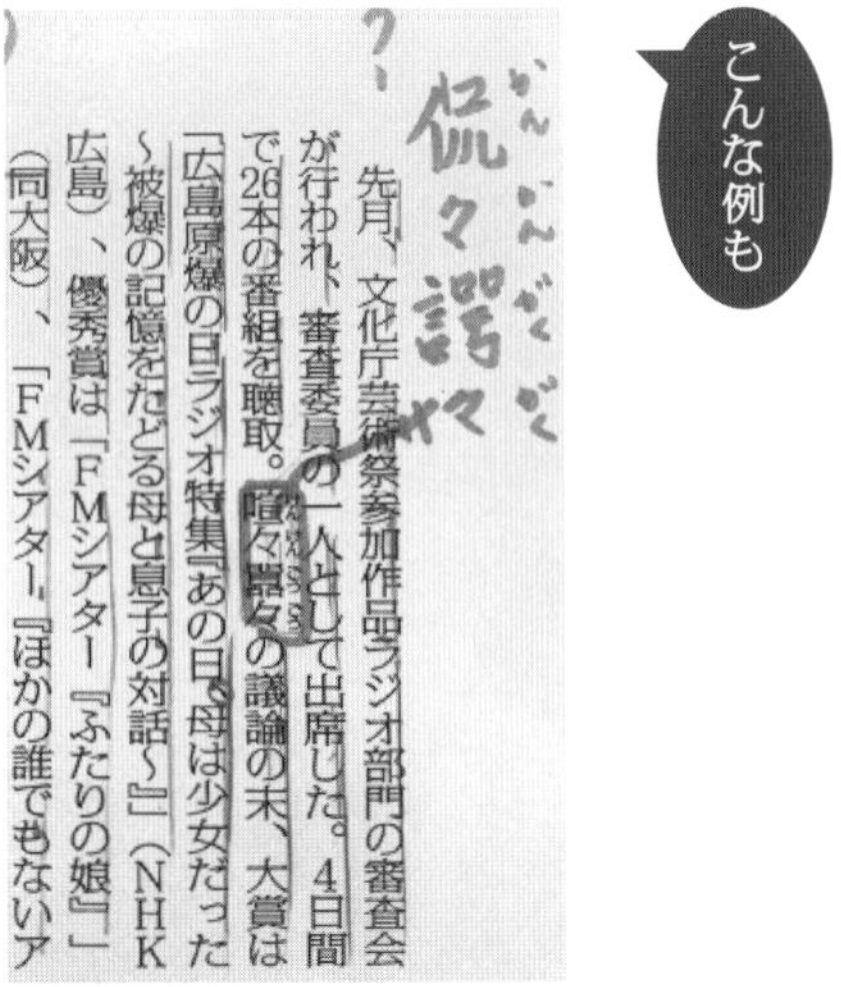

先月、文化庁芸術祭参加作品ラジオ部門の審査会が行われ、審査委員の一人として出席した。4日間で26本の番組を聴取。喧々囂々の議論の末、大賞は「広島原爆の日ラジオ特集『あの日、母は少女だった～被爆の記憶をたどる母と息子の対話～』」（NHK広島）、優秀賞は「FMシアター『ふたりの娘』」（同大阪）、「FMシアター『ほかの誰でもないア

「ケンケンガクガク（喧々諤々）は誤り」とよく言われるが、元の「喧々囂々」（けんけんごうごう）と「侃々諤々」（かんかんがくがく）は意味合いが違う。前者はやかましく騒ぎ立てること。真剣な議論なら後者

が伝わりやすいのではないかという意見もあります。まだ違和感を持つ読者の方がいるのも事実で、校閲記者は頭を悩ませるのです。

ほかにも次のようなものがあります。

・矢先

「物事が始まろうとするちょうどその時」のこと。始まった後や最中のことと思っている人も多い。始まった後なら「……した直後」「……したばかり」、最中なら、「……している最中」「……のさなか」のように表現します。

・役不足

「割り振られた役に不満をもつこと、役割が実力に比べて軽いこと」が本来の意味ですが、「力不足」の意味に使う人もいます。謙遜のつもりで「そのポストは自分には役不足で」と言うと、高慢な態度に

見られてしまうかもしれません。

マスコミの用語担当者たちも迷う表現

自分の思っていた言葉の意味と違ったものや、辞書ではあまり見つからない使い方に出合って、立ち止まることは少なくありません。校閲記者の「気になる表現」のうち、最近増えてきたケースへの対応について、大阪本社が関西地区で行ったアンケート結果の一部をまとめてみました（調査は２０１４年以降。全国紙、地方紙、通信社、テレビ局など、年により20～21社の用語担当者が回答。「どちらともいえない」という回答は０・５とカウント）。

大食漢の女性タレントが各テレビ局から引っ張りだこだ

直す＝20・5社　直さない＝０・５社

「漢」は「男」を表す漢字で、女性には使わないという意見が圧倒的でした。直し方としては「大食」「大食い」のほか、「品がないので健啖《けんたん》家が無難」といった意見がありました。

デモ参加者は色とりどりの旗をたなびかせながら行進した

直す＝16社　直さない＝５社

「たなびく」は本来、雲や煙、かすみなどが横に長く引いた形で空中に漂うことです。「旗をなびかせ」「旗をはためかせ」といった直し方が挙がりました。

商品は女性の間で人気となり、同社では前年度の約3倍の売り上げが見込めると電卓をたたいている

直す＝14社　直さない＝６社

「利益になるかどうかを計算する」ことを表現する慣用句には「そろばんをはじく」がありますが、「電卓をたたく」でも、「これはこれで近年の慣用句として成立している気がする」という意見もありました。

受賞記念パーティー会場は、終始なごやいだ雰囲気に包まれていた

直す＝18社　直さない＝２社

「なごやかな」に直すという意見が圧倒的でした。「華やいだ」との混同だろうという指摘もあります。『三省堂国語辞典』で『なごやぐ』が採用されていて驚いたが、『なごやかな』に直し

三省堂国語辞典第4版11刷（1994年）

なごやか［和やか］（形動ダ） ①気持ちが一つにとけあって、かどが立たないようす。「ーな家庭」 ②にこにこして、おだやかなようす。「ーな人がら」 派生 **ーさ**（名）。
なごや・ぐ［和やぐ］（自五） なごやかになる。「なごやいだ気分」
☆☆**なごり**［名残］（名） ①過ぎ去ろうとするものをおしむ気持ち。「ーをおしむ」 ②別れ。けつべつ（訣別）。「おー狂言(キョウゲン)」 ③［：余波］ものごとの過ぎ去ったあとに、なお その影響(エイキョウ)として残っているもの。「明治のーをとどめる・台風のー」 **ーおし・い**［名残惜しい］-ヲシイ（形） 気持ちがあとに残って、別れにくい感じだ。「おー」 派生 **ーが・る**（自五） **ーげ**（形動ダ） **ーさ**（名）。

ておくのが無難だ」という声もありました。

三十路って何歳？

「もうみそじ（三十路）です」と言われたら、その人を何歳だと思いますか？

三十路、四十路《よそじ》を辞書で引くと、多くは「三十、三十歳」「四十、四十歳」と書いてあります。30代、40代のような幅を持たせた意味ではないので、例えば31歳を「三十路2年目」といった使い方はできないことになります。

実は、この「じ」。一つ、二つなどのように物の数や年齢を数えるときに、数詞の下に添える「つ」と同じなのだそうです。20歳を「はたち」といいますが、これは20の和語「はた」に、「つ」と同じ意味の「ち」がついたものです。この「ち」の濁った

一つ、二つ、三つ
二十歳　はた＋ち
三十＝みそ　＋　ち→じ
↓
みそじ

はた「ち」とみそ「じ」は、もとは同じ仲間

音が「じ（ぢ）」と考えられています。

30の和語は「みそ」なので、「みそじ」になるわけです。

三十路の「じ」を道路の路と書くのは当て字ですが、年齢を山道などに例えたものと考えられています。そのため長さをもった道のイメージから、三十路が30歳代と思われるようになったのではないかと想像されます。

ところで、三省堂国語辞典のように、三十路について、まず「30歳」と示して次に「30代」とも書いている辞書もあります。30代の意味でも世の中ではかなり使われていて、辞書もそれを認め始めたということでしょうか。

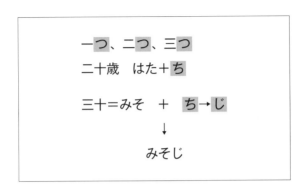

こんな例も

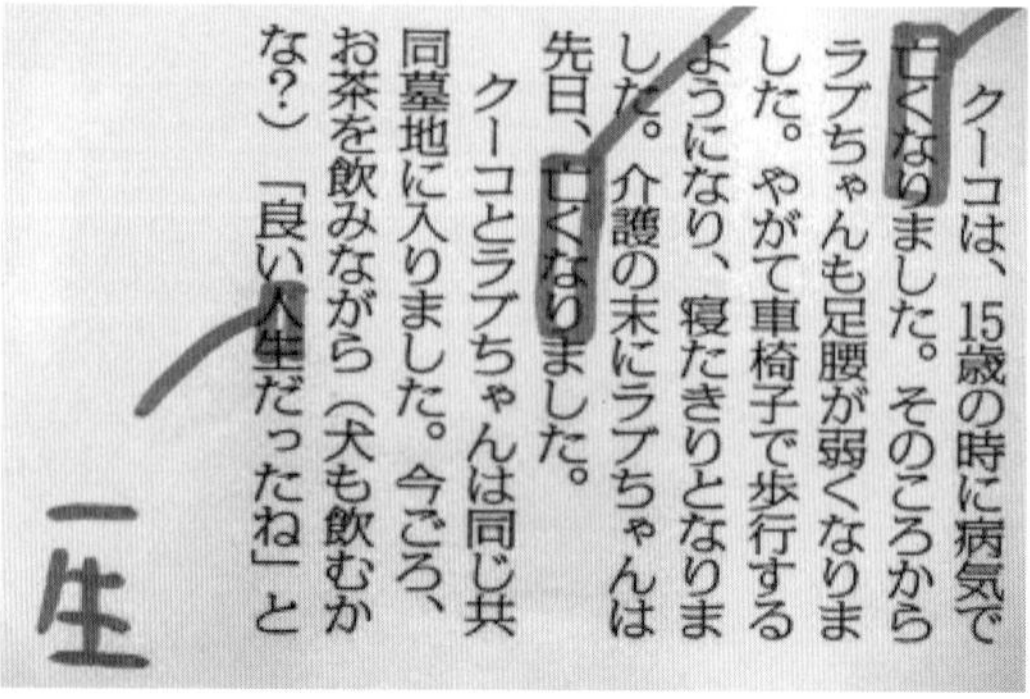
クーコは、15歳の時に病気で亡くなりました。そのころからラブちゃんも足腰が弱くなりました。やがて車椅子で歩行するようになり、寝たきりとなりました。介護の末にラブちゃんは先日、亡くなりました。
　クーコとラブちゃんは同じ共同墓地に入りました。今ごろ、お茶を飲みながら（犬も飲むかな?）「良い人生だったね」と

読者投稿「女の気持ち」から。出稿元と相談した結果、投稿者の飼い犬への気持ちを酌んで「亡くなる」という表現はそのままにしたが「人生」は「一生」と直させてもらうことに

こんな例も

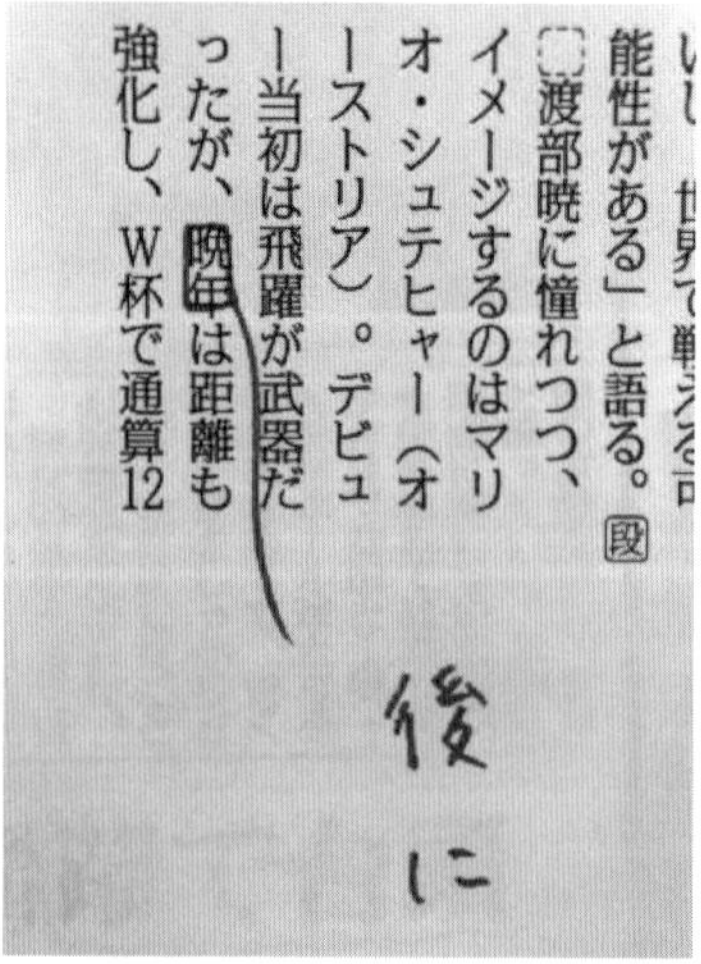
いい　世界で戦える可能性がある」と語る。段
□渡部暁に憧れつつ、イメージするのはマリオ・シュテヒャー（オーストリア）。デビュー当初は飛躍が武器だったが、晩年は距離も強化し、W杯で通算12

ノルディックスキー選手の引退記事。スポーツ選手が現役期の終わりを「晩年」と言うこともあるが、「晩年」は本来、人の一生の終わり

2　一字違いでも

もの「に」してはいけない

一字の違いで意味の変わる誤りやすい慣用語句もあります。

Ａ　数々の作品をものしている気鋭の作家
Ｂ　数々の作品をものにしている気鋭の作家

Ａの「ものする」は、詩や文章などを作り上げるという意味です。Ｂの「ものにする」は、「英語をものにする」や「人気ナンバーワンの彼をものにする」のように、「習得する」「手に入れる」という意味です。

ある駆け出しの校閲記者が「ものしている」に「に」を挿入する直しをしてしまったことがありました。彼は「ものする」という言葉を知らず、「ものにする」の「に」が抜けた誤記と勘違いしたのです。再校を見たデスクが気づき、無事にもとに戻されました。

こんな例も

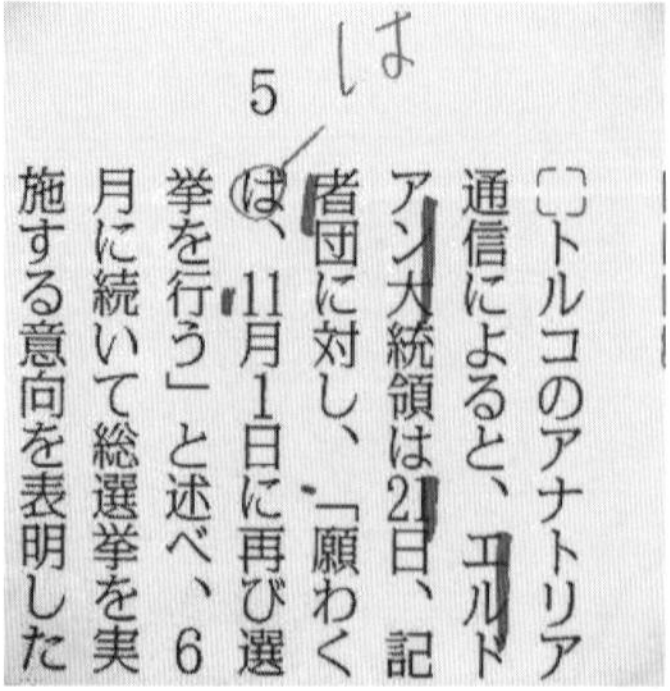

〔 〕トルコのアナトリア通信によると、エルドアン大統領は21日、記者団に対し、「願わくば、11月1日に再び選挙を行う」と述べ、6月に続いて総選挙を実施する意向を表明した

仮定の条件の「ば」のように考えて「願わくば」と書く人も増えているが、「願うところ」という意味の「願わく」に助詞「は」で「願うところは」「願うことは」といった意味になる

デスクに手招きされてお目玉を食らった新人は、「ものする」という言葉を知らなかった恥ずかしさだけでなく、たった一字で誤りをつくってしまいそうになったという事の重大さを心に刻んだことでしょう。

「ろくなものがない」と「ろくにものがない」

A　家にはろくなものがない
B　家にはろくにものがない

AもBも、「ろく」には「碌」という同じ字が当てられ、下に打ち消しを伴います。辞書によってはわざわざ連体詞の「ろくな」と副詞の「ろくに」を別々に項目立てしているものもあります。意味するところは同じですが、どこにかかるかで違った内容になります。「ろくなもの」というと「ろく」が直接「もの」にかかるので、それがない、つまり、ろくでもないものならあるとも読めることになります。「ろくに」なら、かかるのは「ない」なので、どんなものかはわかりませんが「もの」が「十分にない」ということになります。

時には体でぶつかってみよう

慣用句には、「頭を抱える」「骨が折れる」「痛くもない腹を探られる」など、体にまつわるものが多く見られます。苦労はしても、実際に「骨が折れ」たわけではありませんから、頭の中から言葉を引っ張り出さなければならない一方、自分の体に置き換えてみると「なるほど」と実感できるものもあります。

「ほんとうに顔ほころぶと怖いかも」という川柳が毎日新聞に載ったことがありました。確かに！　顔の縫い目がほどけるような様子は想像するだけで怖いですね。慣用句として「顔がほころぶ」は、自然に笑顔になるといった意味です。

さて、このように、顔の表情を伝える表現はいろいろありますが、一般的によく使われては

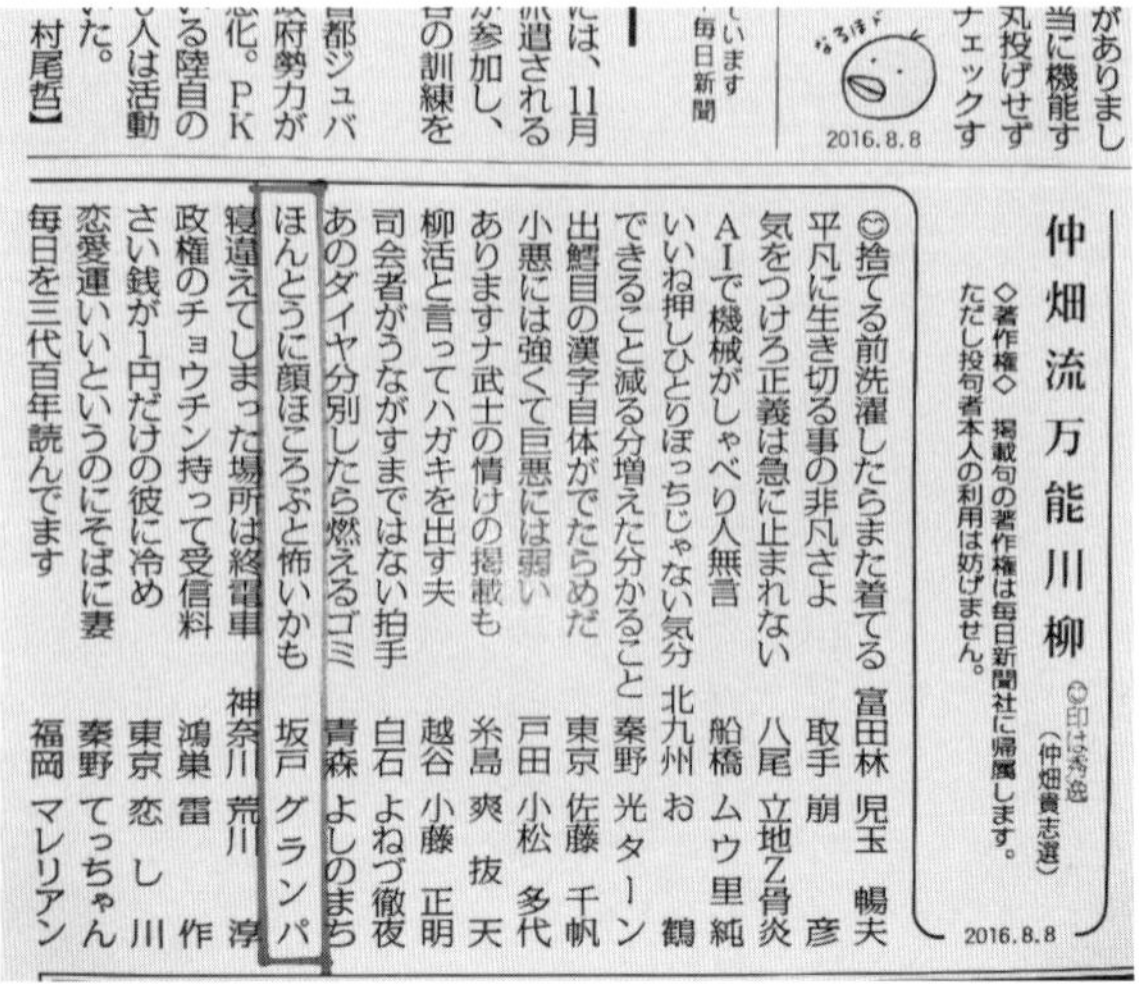

仲畑流万能川柳　☺印は秀逸（仲畑貴志選）

◇著作権◇　掲載句の著作権は毎日新聞社に帰属します。ただし投句者本人の利用は妨げません。

☺捨てる前洗濯したらまた着てる　富田林　児玉　暢夫
平凡に生き切る事の非凡さよ　取手　崩　彦
気をつけろ正義は急に止まれない　八尾　立地Z骨炎
AIで機械がしゃべり人無言　船橋　ムウ里純
いいね押しひとりぼっちじゃない気分　北九州　お　鶴
できること減る分増えた分かること　秦野　光ターン
出鱈目の漢字自体がでたらめだ　東京　佐藤　千帆
小悪には強くて巨悪には弱い　戸田　小松　多代
ありますナ武士の情けの掲載も　糸島　爽　抜　天
柳活と言ってハガキを出す夫　越谷　小藤　正明
司会者がうながすまではない拍手　白石　よねづ徹夜
あのダイヤ分別したら燃えるゴミ　青森　よしのまち
ほんとうに顔ほころぶと怖いかも　坂戸　グランパ
寝違えてしまった場所は終電車　神奈川　荒川　淳
政権のチョウチン持って受信料　鴻巣　雷　作
さい銭が1円だけの彼に冷め　東京　恋　し　川
恋愛運いいというのにそばに妻　秦野　てっちゃん
毎日を三代百年読んでます　福岡　マレリアン

2016.8.8

言葉の面白さと難しさを再認識できる川柳欄

いても、新聞では気をつける表現があります。

✕笑顔がこぼれる → ○笑みがこぼれる

「笑顔がこぼれる」。よく聞く表現ですが、自分の顔を「こぼれ」させてみましょう。なんだか顔が崩れてしまいそうです。そこで、「笑みがこぼれる」のように書くようにしています。これなら、笑いが顔からあふれんばかりに……という感じで、少なくとも怖くはないのでは。

「満面の笑顔」。これも「面」と「顔」の意味が重複するので「満面の笑み」としています。

また、慣用というほどではありませんが、「目をぬぐう」という表現もよく見ます。誤りとは言えませんが、直接目をふくのはいかにも痛そう……と思う人もいるかもしれません。「涙をぬぐう」「目頭をぬぐう」などと言えばしっくりくるのではないでしょうか。

時には自分の体を使って、想像力を働かせながら、よりわかりやすい表現になるように考えることもあるのです。

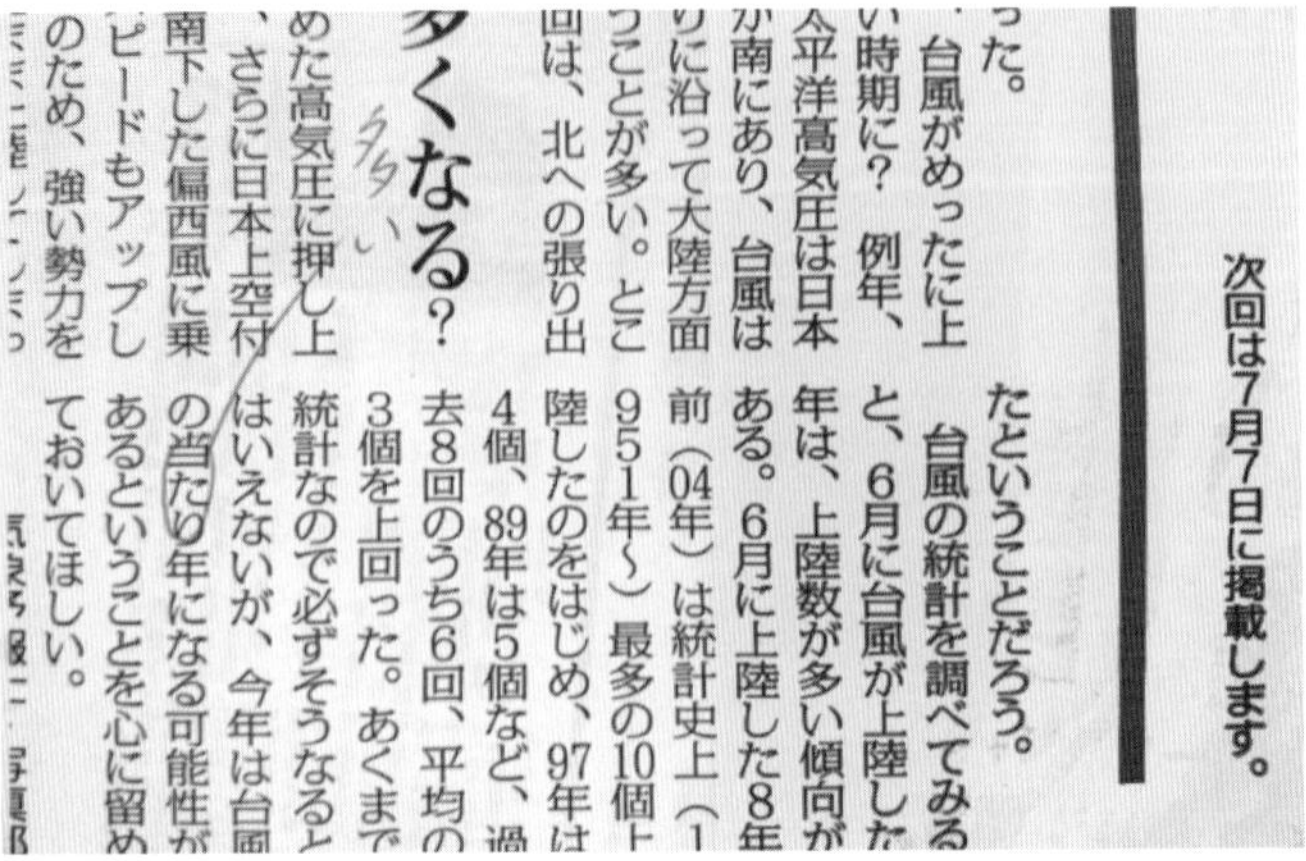
次回は7月7日に掲載します。

たということだろう。
台風の統計を調べてみると、6月に台風が上陸した年は、上陸数が多い傾向がある。6月に上陸した8年前（04年）は統計史上（1951年〜）最多の10個上陸したのをはじめ、97年は4個、89年は5個など、過去8回のうち6回、平均の3個を上回った。あくまで統計なので必ずそうなるとはいえないが、今年は台風の当たり年になる可能性があるということを心に留めておいてほしい。

った。
台風がめったに上い時期に？　例年、太平洋高気圧は日本が南にあり、台風はりに沿って大陸方面うことが多い。とこ回は、北への張り出

多くなる？

めた高気圧に押し上、さらに日本上空付南下した偏西風に乗ピードもアップしのため、強い勢力を

縁起の良い慣用句は災害には避けたい

3　読み手の立場で

配慮に欠ける言葉遣いとは

慣用句には、この文脈で使うのは不適切、失礼ということが多々あります。

「台風の当たり年」はどうでしょう。時々見られますが、「当たり年」は「農作物の収穫の多い年」「ものごとがうまくはこぶ年」（角川必携国語辞典）という意味です。縁起の良い言葉ですから、台風に結びつけるのは間違いというだけでなく、実際に台風被害に遭われた方にはデリカシーのない言葉ではないでしょうか。校閲では「台風の多い年」などに直すようにしています。

また、前出した「枯れ木も山のにぎわい」のよう

に、自分を謙遜して使うことが慣用という言葉もあります。「枯れ木」をイメージすれば、他人に使うのは失礼ではないかと思いとどまれるのではないでしょうか。

「愚直」も似たような注意を要する言葉です。「愚」という字から、もとは「ばか正直で気の利かない」というマイナスの評価であることがうかがえます。それがいつの間にか「真っ正直で地道」というプラスのニュアンスのある言葉として使われることが多くなっています。しかし、自分から謙遜のつもりで言うのは問題ありませんが、他人のことで「愚直な方です」などと使うと、文字通り「愚かとは失礼な」と受け取る人も現状では少なくないようです。字面から読み手がどう感じるかも意識するとよいのではないでしょうか。

比喩や文字遣いで「伝える」こと

毎日新聞用語集では、注意したい慣用語句の一つに「里帰り」を挙げています。

元来は結婚した女性が初めて実家に帰ることを言いますが、比喩として使われることが多くなりました。国外に流出した美術品が展覧会のために一時的に帰ってきたようなときに「若冲の○○、里帰り展示」のように書かれたりします。

しかし、流出した美術品が買い戻されて帰ってきたなど一時的でない場合に「里帰り」と言うのは、比喩としても適当ではないでしょう。

比喩で使う場合、使い方を広げることもできるでしょうが、どんなことに例えているかが伝わるようにすることも大切です。

「思う」と「想う」

読み手に気持ちや微妙なニュアンスまで伝えるのは難しいことです。

各新聞は、読者の声を届ける投稿欄を設けていますが、新聞の用語に合わせて文字遣いなどを変えさせていただくことがあります。

掲載後、次のようなご意見をいただいたことがありました。

投稿欄で「想う」という字を、タイトルを含めて使いたかったそうですが、毎日新聞の投稿欄担当者にこう言われ、諦めたとのことです。「想う」は「おもう」と読ませられない、使うにはルビが必要になる、見出しにルビは付けられない、と。

後日、掲載された文章を見た投稿者の周りの誰もが「想う」がいいと言い、国語の先生にも「『思う』では気持ちが伝わらない。ルビの問題ではない」と言われたそうです。

「普通に使い、誰もが普通に読んでいる、きれいで、意味深い『想う』が使えない不思議が、納得いきません」とのことでした。

これに対し、校閲の用語担当者の回答は、読者の方の言葉を大切に思う気持ちが伝わったこと、貴重なご意見として承ったことを書いた上で、要約すると以下のような説明をしました。

常用漢字表の「想」に「おもう」の読みが掲げられておらず、義務教育の範囲にも入っていません。新聞は基本的に義務教育で学ぶ範囲の表記を心がけていますから、「想う」は認めていないことになります。

一般的には「想う」は多くの人が使う平易な表記であり、国の決めた線引きに新聞が従うことはないと思われるかもしれません。しかし、「想う」を認めると、「思う」との使い分けの線引きをどこに定めるかという問題に突き当たります。

新聞ではできるだけ冷静で客観的な文体で書くことが求められます。戦前の新聞ではかなり情緒的な文章があり、日本人に好戦的な気分をあおった一面があるという反省に立っています。

司馬遼太郎さんの「おもう」

「おもう」を平仮名で書いた司馬遼太郎さんに、井上ひさしさんは、理由を尋ねたことがあったそうです。『井上ひさしと１４１人の仲間たちの作文教室』（新潮文庫）に紹介されています。

井上ひさしさんの文章によると、

このことについてわたし、一度、司馬さんにお聞きしたら、「《おもう》というのは、どう考えてみても、大和ことばなんだよ。これを漢字で書くのはおかしい。それで平仮名にひらいているんですよ」というお答えでした。

ということです。

読者の方には、「次に新聞に投稿されて『想う』をお使いになりたいときは『おもう』と書かれては」と提案しました。平仮名でも、伝えたい気持ちは十分伝わるはずです。

ほどなく、「次回がありましたら、自信と確信をもって、『おもう』を使わせていただきます」というお返事をいただきました。

コラム 5

実物は甘くておいしいおまんじゅう

電信柱にこのような広告がありました。どんな味なのでしょうか。

電信柱の前で足が止まりました。お店に注文したところ、届いたまんじゅうの包み紙には「蜂蜜」の文字。甘くておいしい「蜜」の味です。

やはり「密」ではなかったのです。電信柱の文字について社長さんに伝えたところ、「すぐに直させます」と驚いた様子でした。

この後も社長さんと年賀状のやり取りをしていたものの、残念ながら２０１６年に廃業されました。けれど、校閲だからこそのすてきな出会いでした。

（正解）蜂密→蜂蜜

第6章

品川区の目黒駅、港区の品川駅

固有名詞の落とし穴

1　名前を誤らないように

多数派に流されがち

名刺を受け取っていて名前も確認しているはずなのに、字を間違えて賀状やメールを送ってしまい、取引先のひんしゅくを買ったような経験は多くの方がお持ちのことと思います。日本人の名字の数は10万以上といわれますが、まずは正しく表記することが信頼関係の第一歩。それでも間違えてしまったら、できるだけ早くおわびしなければなりません。

新聞では日々膨大な数の人名が登場しており、誤りの例は枚挙にいとまがありません。

・姓

仙谷―仙石　冨長―冨永　島沢―島津　真狩―真刈
丸畑―九畑　松浦―杉浦　河東―川東

・名

彩香―彩夏　将太―翔太　留依―留衣　庄市―庄一
哲郎―鉄郎　直仁―直人　武雅―武雄　恵都子―恵津子

いずれも、読み方が同じだったり、どちらか1字が合っていたりします。誤ってしまう理由には次のようなものが考えられます。

・多数派に流される。「せんごく」とくれば「仙石」を連想してしまい、確認せず打ってしまうが、「仙谷」だった。さらに1字目が合っていると安心してしまう。

・ほかの要素に気を取られる。「とみなが」の「とみ」の字体が「富」でなく「冨」というところに気を取られて「冨永」と打って安心し、多数派に流されて「永」でなく「長」というところに気づかない。

・字の形が似ていると紛らわしく、見誤ったまま書いてしまう。網と綱、丸と九など。

著名人と違って、一般の人の名前はいったん筆者の手元を離れてしまうと誤りを確認することが難しくなります。単純な誤りパターンが多いことを自覚し、まずメモを取る際に誤らないこと、さらに誤りなく打つこと。そして一文字一文字確認していきましょう。

新聞記者は名簿のように数が多い場合は「読み合わせ」をすることもあります。2人1組になって、一方が入力し終えたゲラを声に出して読み、一方が元資料を見ながら確かめるのです。

×安部普三→○安倍晋三。「あべ」はほかに阿部などもあって要注意。「安部」を「安倍」に直して安心していると「ふぞう」の方を見逃してしまうことも

ウクライナ和平 日独連携
テロ対策 G7で協議確認
首脳会議

第2章でも触れたように、手書きの原稿との引き合わせがなくなった今は校閲で読み合わせをする機会はほとんどなくなりましたが、25年くらい前までは、毎日読み合わせの声が響いていました。その時代を経験した校閲記者は、若手よりも「誤植っぽい誤り」に比較的強いようです。いかにも変換ミスの同音の誤りでなく、若手からすると「なんでこの字が出るの?」というような誤りです。例えば「晋三」という名で、「しんぞう」と打てば変換されるはずのない「普三」がゲラにあった場合、誤植のない今では想像もできないので、若手は見逃しやすい――といったものです。

読み合わせは、「佐藤」を「にんべんひだり(人偏、左)に、さがりふじ(下がり藤)」のように、文字の分解をしたり音読みを加えたり、有名な固有

名詞に当てはめたりと、さまざまな方法で一文字一文字誤りなく伝えるようにします。

読み合わせ時代、ある校閲記者が「肇」の字を「ハナ肇のハジメ」と説明し、大先輩に一喝されたことがありました。

「それはチョウコクのチョウ、国を始めるという意味だ。今どきの若いもんは知らんのか」

確かに肇国の「ちょう」ではありますが、日常語とはいえず、その記者も結局は「ハナ肇のハジメ」という説明で通したといいます。しかし、コメディアンやバンドメンバーとして活躍したハナ肇さんも死去して20年以上たちました。この説明が通じなくなる日も遠くない――と、寂しげに話しています。

ゆるキャラにも「人格」あり

近年話題のゆるキャラにも、れっきとした名前があります。大人気の熊本のゆるキャラ「くまモン」が、２０１１年の誕生以来、全国版ではありませんが10件くらい「くまもん」で紙面化されてしまいました。ゆるキャラというだけあって漢字を使わないものが多いのですが、平仮名か片仮名かで迷うことが少なくありません。

「ドラえもん」もどこまでが片仮名かわからなくなることもあるのですが、毎日新聞のデータ

こんな例も

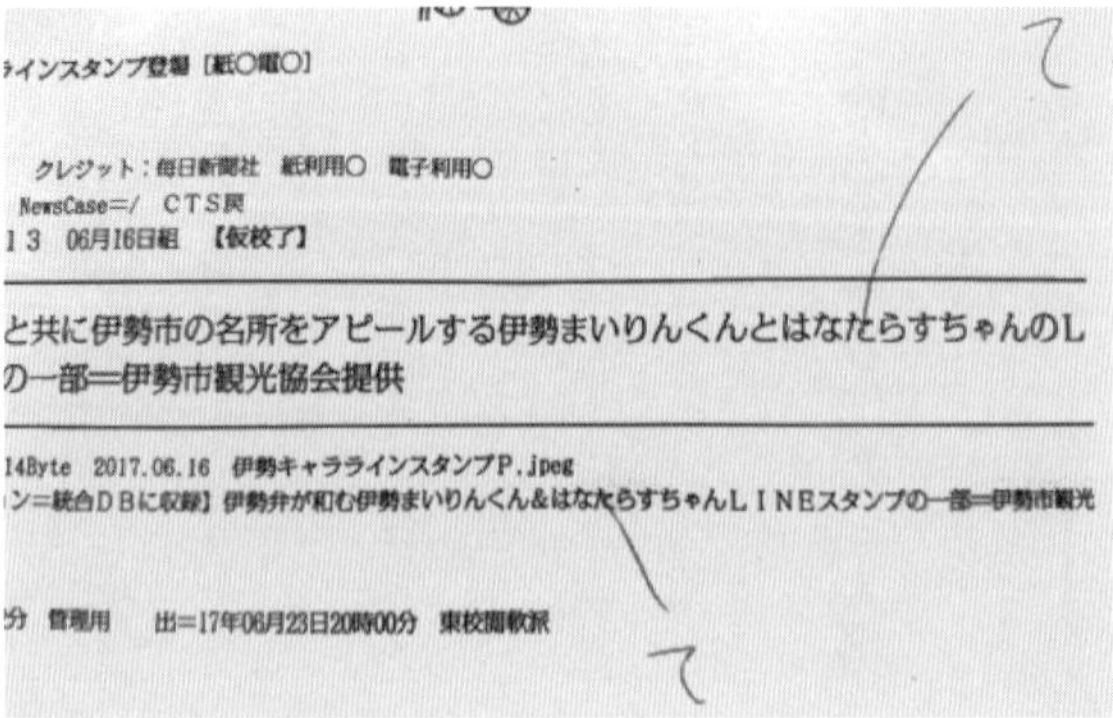
ラインスタンプ登場［紙○電○］
クレジット：毎日新聞社　紙利用○　電子利用○
NewsCase=/　ＣＴＳ房
１３　06月16日組　【仮校了】

と共に伊勢市の名所をアピールする伊勢まいりんくんとはなたらすちゃんのＬ
の一部＝伊勢市観光協会提供

14Byte　2017.06.16　伊勢キャララインスタンプＰ.jpeg
ン＝統合ＤＢに収録】伊勢弁が和む伊勢まいりんくん&はなたらすちゃんＬＩＮＥスタンプの一部＝伊勢市観光

分　管理用　出＝17年06月23日20時00分　東校閲校了

三重県伊勢市の観光ＰＲキャラクターは「はなてらすちゃん」。
「はなたらす」なんて、失礼な！

ベース（１９８７年以降）で調べたところ、表記を間違えている一般記事の件数は30年でわずか数件です。１９６９年の連載開始から半世紀近く。歴史が違うということでしょうか。

とりどりになっていく日本人の名

名前から、その人の年齢層が絞られる場合があります。

例えば「昴」。昴が子の名として届ける際に認められるようになったのは１９９０年のことです。谷村新司さんのヒット曲「昴《すばる》」によって「なぜ名前に使えないのか」という声が高まったためと考えられます。

戸籍法は「子の名には常用平易な文字を用いなければならない」と定めており、名前を届ける際に使

紙面を守る七つ道具の一つ、ルーペでルビもチェック

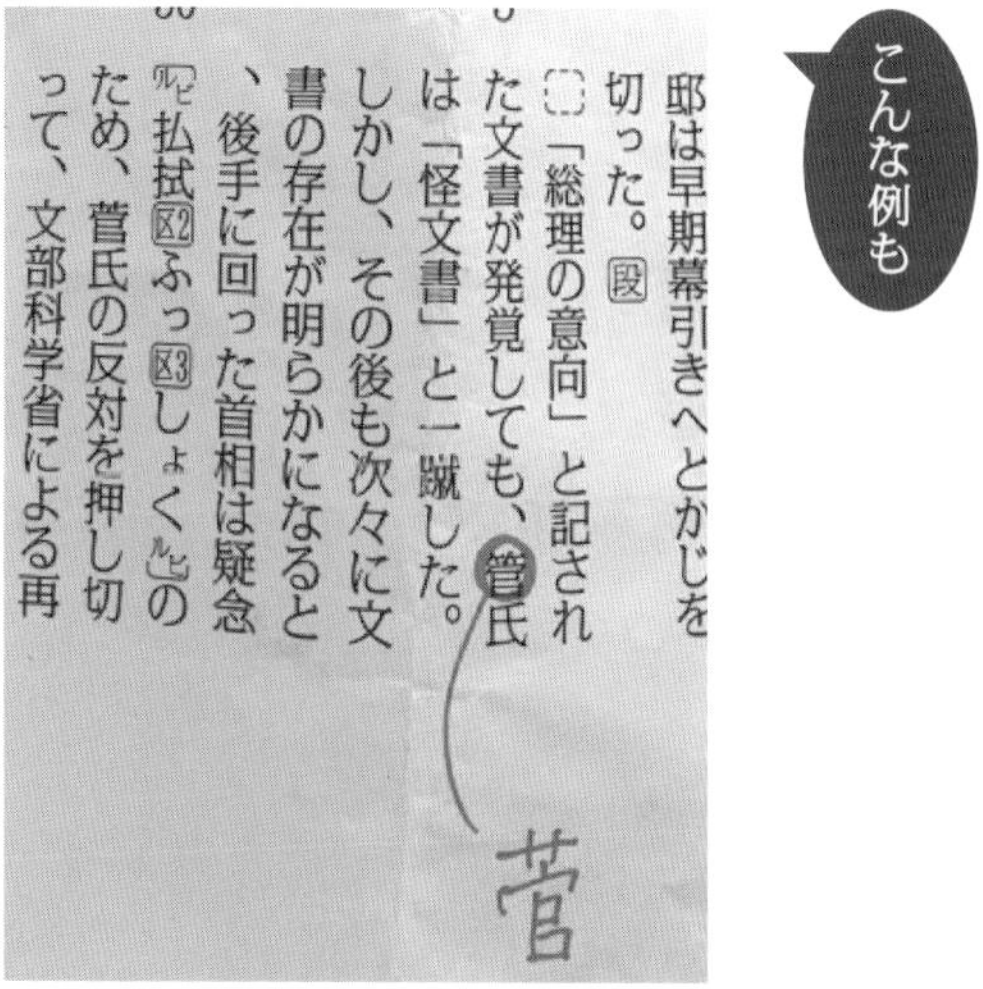

邸は早期幕引きへとかじを
切った。
「総理の意向」と記され
た文書が発覚しても、管氏
は「怪文書」と一蹴した。
しかし、その後も次々に文
書の存在が明らかになると
、後手に回った首相は疑念
払拭ふっしょくの
ため、菅氏の反対を押し切
って、文部科学省による再

最近何かと紙面に登場する機会の多い菅義偉官房長官の
姓は、竹かんむりの「管」ではなく草かんむりの「菅」

える漢字は常用漢字2136字と人名用漢字862字（2017年8月現在）に限られています。

「昴」は1990年4月に人名用漢字に採用されたため、それ以前で戸籍法施行以降の生まれの人の名には「昴」の字を使えなかったことになります。戸籍を届けるわけではない芸名や通称などはもちろん別ですが。

そこで校閲記者は、年齢から「昴」とつけられない年の生まれとわかった場合には「もしや、似た字の『昂』の誤りでは」と問い合わせて正すこともあるのです。

漢字とは違って読み方には制限がありません。難しい漢字というわけではなくとも、読みにくい、もしくは意外な読み方であるといった場合には、ルビをつけることになります。「騎士《ないと》」のように、今後はさまざまな名がルビと共に登場しそうです。

「斉」と「斎」は別の字

日本に多い名字の一つ「さいとう」さん。「斎藤」を省略した字が「斉藤」だと誤って覚えている人は少なくありません。中には戸籍名が「齋藤」なのに、新聞社に「斉藤」の字で伝えてきた議員がいました。選挙に出る際には易しい字の方がいいと考えたようです。記者が戸籍

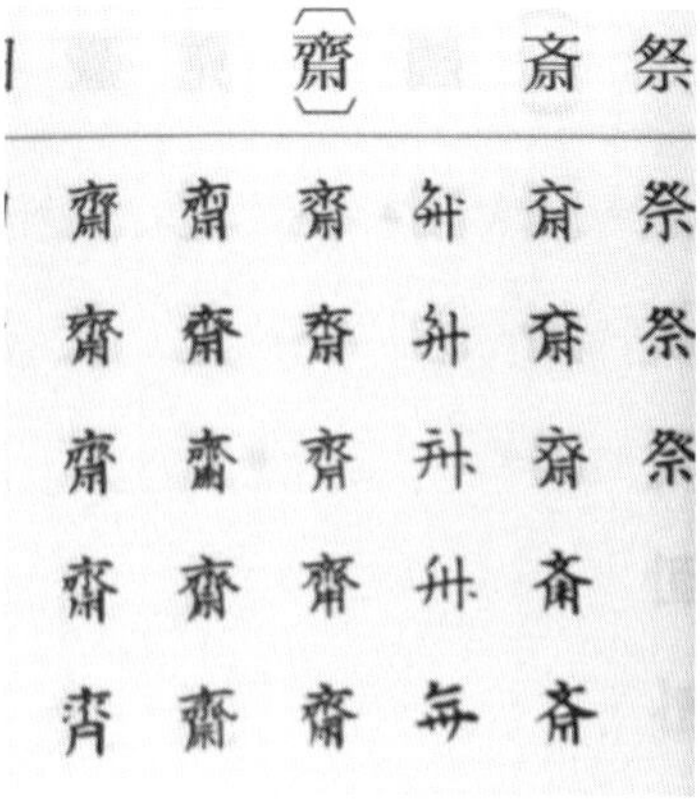

『人名用漢字と誤字俗字関係通達の解説』
（日本加除出版）より

名を指摘すると、「簡単な斉でいいよ」と言い、同じ漢字の簡単なものという認識だったそうです。

斉……旧字体は齊。音読み「セイ」。「きちんとそろう・そろえる」ことを表し、「ひとしい」「ととのえる」の訓がある。「一斉」「斉唱」などと使う。
斎……旧字体は齋。音読み「サイ」。「けがれを払う」ことを表す漢字で「ものいみ」の訓がある。転じて「静かに過ごす部屋」という意味となったのが「書斎」の例。
（円満字二郎著『漢字ときあかし辞典』研究社より）

つまり、「斉」と「斎」は全くの別字。以下は、当時入社3年目の斎藤美紅記者がつづったブログの一部です。

「新字」と「旧字」、さらに「異体字」という概念、入社するまではほとんど気にしたこともなかった。事実、社員証を配られたときに名字の齋藤が「斎藤」となっており、人事担当者に鼻息もあらく「字が違います！」と詰め寄った筆者である。ご存じの方も多いだろうが、「齋」の新字は「斎」なのだ。さらにこれまで略字としては「斉（齊の新字）」を使っていたものだから、「齋・斎」とは別字と知って衝撃だった。なお、用語集には「『斉』と『斎』は別の字で、字体の違いではないので区別して使う」と書かれている。また、「固有名詞に限る『運用上の例外』として、異体字（俗字）という意識が薄れ、別の字のように扱われている字については使い分けを認める」ともある。

「旧字」とは旧字体ともいい、戦後の当用漢字、常用漢字で採用された新字に対して、それ以前に使われた字体をいいます。

「斎」だけでもこのように多数の字体があります。ただでさえ膨大な数の漢字が、それぞれ異なる字体を持つわけですから、煩雑さに悩まされ、明治以来、字体の整理をしてきました。特

◆運用上の例外（固有名詞に限る）

一、異体字（俗字）という意識が薄れ、別の字のように扱われている字については使い分けを認める。

例（カッコ内が原則の字体）
阪（坂）堺（界）埜（野）
圀（国）穐（秋）苅（刈）
など

二、次の16の字体は、異体字・旧字体を用いてもよい。（カッコ内が原則の字体）

〈異体字〉嶋・嶌（島）冨（富）舘（館）渕（淵）薗（園）峯（峰）剱（剣）

〈旧字体〉龍（竜）國（国）澤（沢）條（条）眞（真）禮（礼）佛（仏）濱（浜）

例　長嶋茂雄　小渕恵三
橋本龍太郎　御手洗冨士夫
舘ひろし　國士舘大
佛教大　龍谷大
金剛峯寺　剱岳
など

字体原則の例外。毎日新聞用語集より

に新聞のような多くの人が読む公共性のある媒体では、一つの漢字に二つ以上の字体が存在すれば、的確に伝えるための妨げになりますから、一つの字種に一つの字体が望ましいのです。

しかし、例外はあります。竜―龍など、一般的に固有名詞では使い分ける習慣のあるものについて、旧字や異体字を用いることもあります。サッカー女子日本代表のエースとして活躍した澤穂希さんの「澤」（新字体は「沢」）は本人が強く希望したことと、一般の人にもその方がなじみがあるということで旧字を使用しています。

2 タイトルは作品の顔

題名は命

ある校閲記者のめいっ子が中学生だったとき、毎日新聞社主催の青少年読書感想文全国コンクールで入選し、氏名とともに書籍名が毎日新聞に載りました。知らせてきたその子の母親は「でも、実は本の題名が……」と言葉を濁したといいます。

記事では、「〝エナ〟と呼ばれた子」になっていたというのです。その本は、著者が母親から受けた児童虐待の経験をつづったもので、理不尽な仕打ちの数々にも負けず、生きる意欲を失わない姿が読む者を引きつけます。著者は名前がありながら、虐待されていくうちに「あの子」となり、ついには「それ」と呼ばれ、人間性をも奪われていく。その象徴的な言葉がタイトルになりました。

『〝Ｉｔ〟と呼ばれた子』という書名なのです。

確かに「Ｉｔ」を手書きすると、片仮名に見えなくもありません。しかし、「エナ」と呼ばれた男の子の物語となると、本質とかけ離れてしまいます。

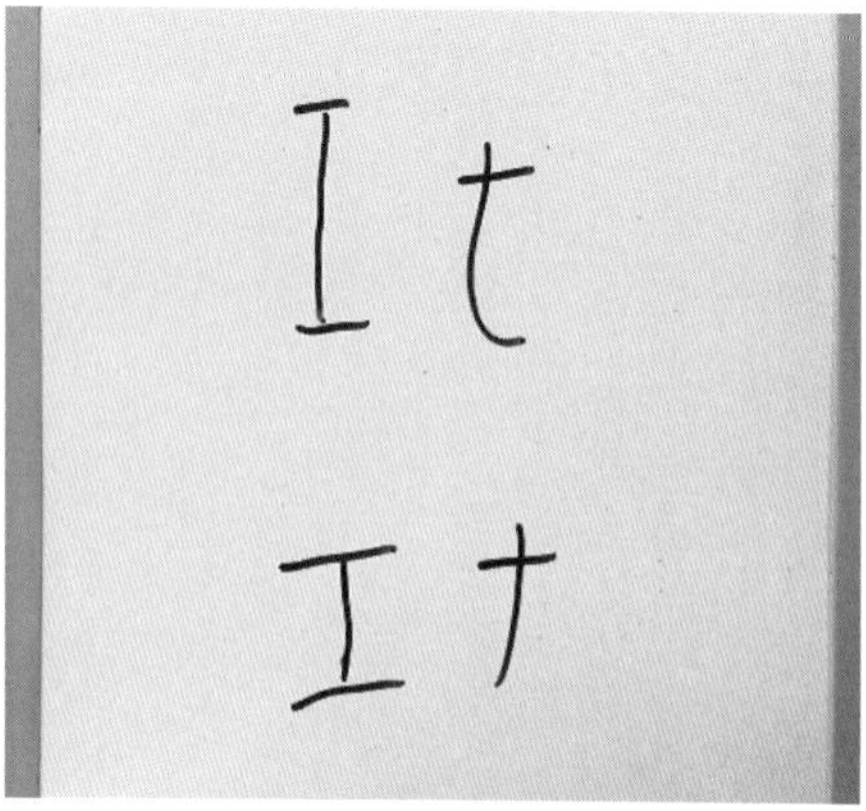

「It」を手書きすると「エナ」に見えなくもないが……

タイトルは本の「命」。その紙面を校閲したのは自分ではないものの、このような間違いを犯してはいけないと心に刻んだ出来事でした。

固有名詞は入れ替え不可

三島由紀夫の小説は『豊穣の海』か『豊饒の海』か。ともに読みは「ほうじょう」で、大辞林によると、

> 豊穣……穀物が豊かにみのる・こと（さま）
> 豊饒……地味が肥えていて作物がよくみのる・こと（さま）

とあります。似ていますが、固有名詞なので入れ替われば間違いになります。小説のタイトルは『豊

こんな例も

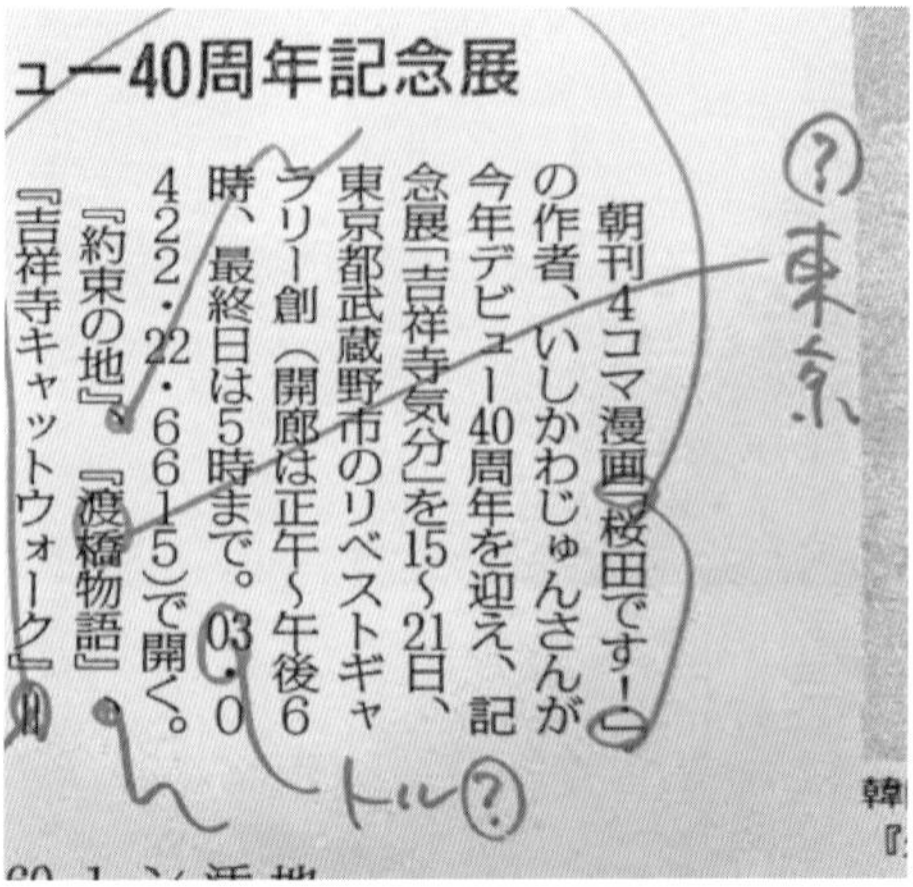

ュー40周年記念展

朝刊4コマ漫画「桜田です!」の作者、いしかわじゅんさんが今年デビュー40周年を迎え、記念展「吉祥寺気分」を15～21日、東京都武蔵野市のリベストギャラリー創（開廊は正午～午後6時、最終日は5時まで。03・0422・22・6615)で開く。

『約束の地』『渡橋物語』『吉祥寺キャットウォーク』

「とうきょう」を打ち損なって「ときょう」に。全く の新たな作品になってしまうところだった

こんな例も

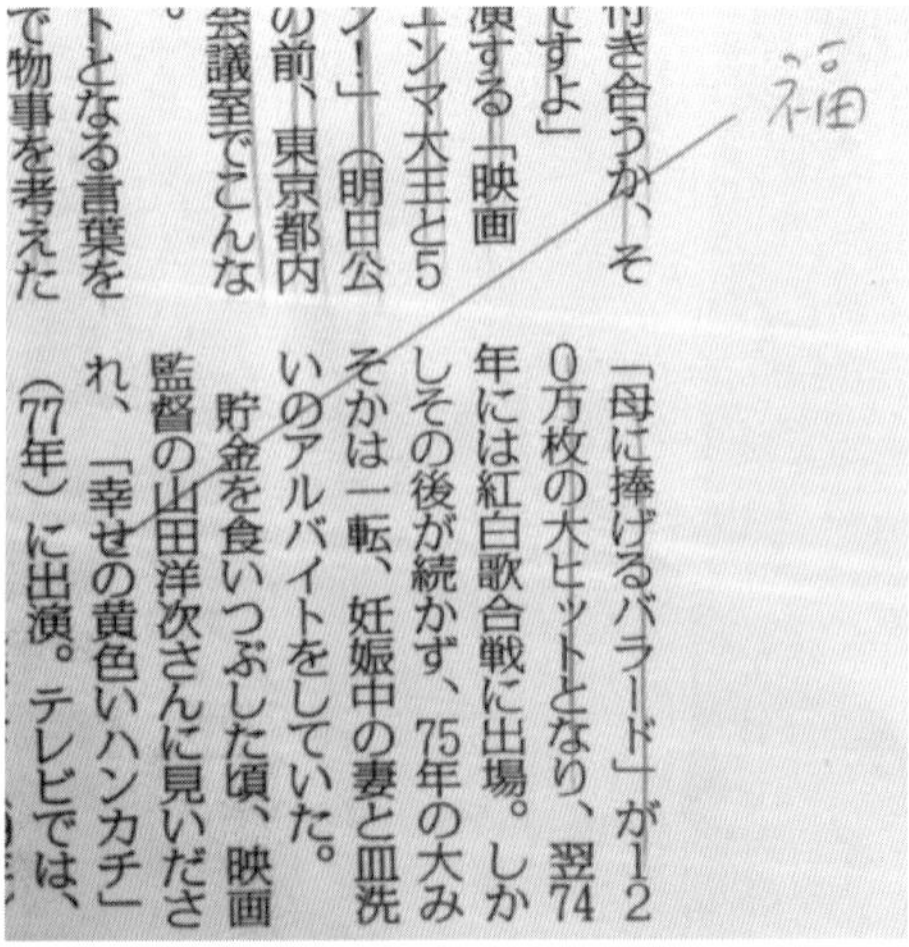

付き合うか、そ
ですよ」
演する「映画
ンマ大王と5
イ!」（明日公
の前、東京都内
会議室でこんな
。
トとなる言葉を
で物事を考えた

「母に捧げるバラード」が120万枚の大ヒットとなり、翌74年には紅白歌合戦に出場。しかしその後が続かず、75年の大みそかは一転、妊娠中の妻と皿洗いのアルバイトをしていた。

貯金を食いつぶした頃、映画監督の山田洋次さんに見いだされ、「幸せの黄色いハンカチ」（77年）に出演。テレビでは、

山田洋次監督の名作映画 。「幸せの黄色いハンカチ」でなく、「幸福」と書いて「しあわせ」と読む

饒の海』です。一般的によく使われるのは「五穀豊穣」の「豊穣」ですが、ときには「豊壌」と誤ることも。こちらは「肥えた土地」のことですから意味が違います。

２０１６年公開のアニメ映画「聲《こえ》の形」について触れた記事では、「声」の旧字体である「聲」が「聾」と誤記されていました。これはヒロインが聴覚障害者なので、当て字として聾《ろう》の字がタイトルに使われていると、記者が勘違いしたのかもしれません。あるいは、聲の字を打とうとしてもなかなか変換されず、手書き入力機能を使って出た漢字の中から誤って選んでしまった可能性もあります。

いずれにせよ、今はめったに目にすることのなくなった旧字体が誤入力を生む一因になってしまったともいえますが、誤ってよいはずはありません。

3　地名いろいろ

阿佐ヶ谷駅か、阿佐ケ谷駅か

「このケはどちらのケですか」

出稿部のデスクからよく聞かれます。地名・人名にある「ケ」のことです。校閲としては答えは簡単で、「どこでも、どなたであっても大きいケにしています」。

東京の駅名だけでも、「霞ケ関」「梅ケ丘」など数多くあります。固有名詞以外にも「6ケ月」「1ケ○○円」など、身の回りでよく見かけます（新聞では「6カ月」「1個○○円」と書きますが）。まるで片仮名のケを「が」や「か」「こ」と読むかのようですが、これらは、形はケであっても片仮名ではありません。漢字の「个」からできた、あるいは「箇」の竹かんむりの一方を使って、記号のように使われてきたものだそうです。

あくまで記号であり、記号らしく小さな「ヶ」とするか、見やすいように大きく「ケ」と書くかは、「人により」「土地により」というわけにはいきません。新聞としては、どちらかに決めるしかないのです。

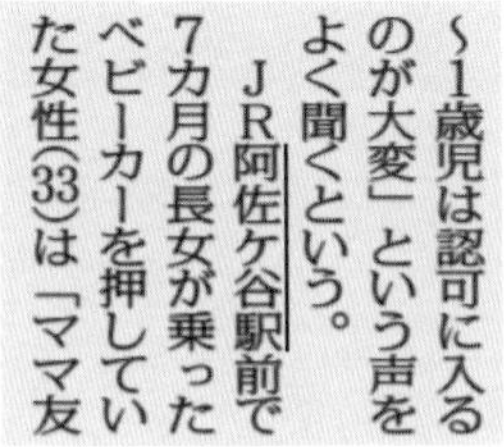
~1歳児は認可に入るのが大変」という声をよく聞くという。
　JR阿佐ケ谷駅前で7カ月の長女が乗ったベビーカーを押していた女性(33)は「ママ友

大きくても小さくても間違いではない、記号としての「ケ」

例えば、東京都杉並区にあるＪＲの駅。ホームには「阿佐ケ谷」という表示がありますが、改札の外の地下鉄の案内表示に「南阿佐ヶ谷駅」とあります。さらに外から駅の建物を見れば「ＪＲ阿佐ヶ谷駅」と小さいヶに。地下鉄の駅自体にある表示は「南阿佐ケ谷」と大きいケです。

いかにも確からしい表示でさえ表記が割れているのは、記号だからこそのおおらかさなのではないでしょうか。

毎日新聞の紙面上は何十年も前から大きい「ケ」で統一されています。ベテラン校閲記者に尋ねると「ただでさえ新聞の字は小さくて見づらいのだから、大きい方がいいということだよ」と答えました。「阿佐ケ谷駅」の「ケ」が大きいか小さいかに神経を注ぐより注意すべきことは、ケのあるなしです。

地名と駅名表記の違う例

地名	駅名
岩手県**一関**市	ＪＲ**一ノ関**駅
東京都葛飾区**青戸**	京成電鉄**青砥**駅
東京都世田谷区**梅丘**	小田急電鉄**梅ケ丘**駅
東京都足立区**竹の塚**	東武鉄道**竹ノ塚**駅
東京都新宿区**四谷**	JR、東京メトロ**四ツ谷**駅
神奈川県鎌倉市**由比ガ浜**	江ノ島電鉄**由比ケ浜**駅
滋賀県米原市**醒井**	ＪＲ**醒ケ井**駅
大阪府吹田市**岸部**南	ＪＲ**岸辺**駅
福岡市西区**姪の浜**	ＪＲ**姪浜**駅

実は阿佐ケ谷駅の所在地は杉並区阿佐谷南で、ケがありません。

このような例はいくらでもあります。よく間違えるのは、国の機関が集中する「かすみがせき」。東京メトロの駅名は「霞ケ関」ですが、地名は「霞が関」なのです。中央省庁の代名詞として使う場合も地名なので「が」です。

その他、上の表に駅名とその所在地名の表記が違う例を挙げましたが、これ以外にもあります。いちいち確認しなければなりません。

駅はどこにある？

東京のＪＲ中野駅は中野区、ＪＲ新宿駅は新宿区にあります。

しかし、目黒駅は品川区にあり、品川駅は港区に

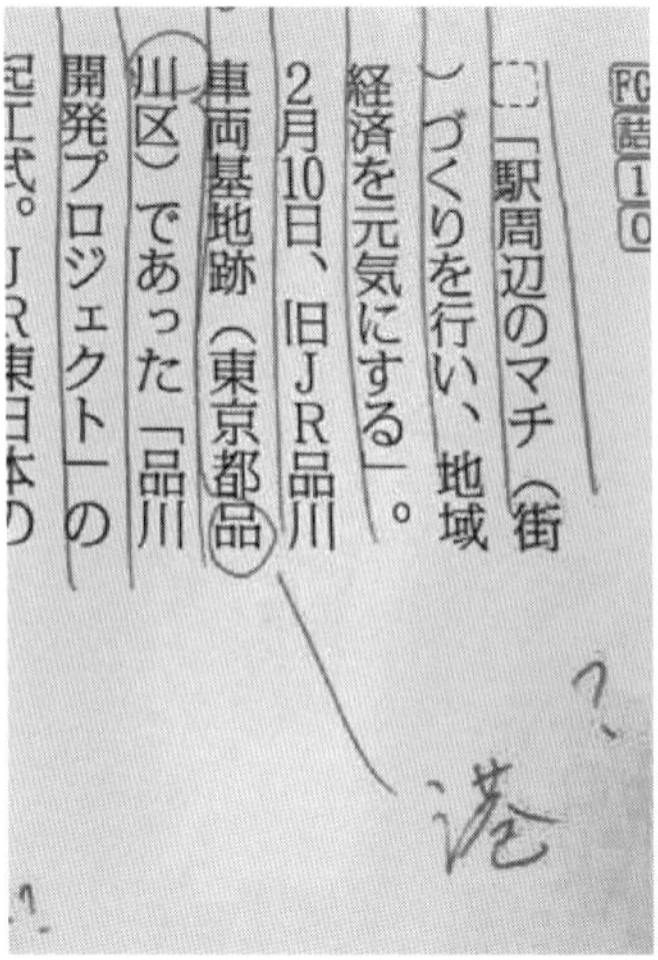

［　］「駅周辺のマチ（街）づくりを行い、地域経済を元気にする」。2月10日、旧JR品川車両基地跡（東京都品川区）であった「品川開発プロジェクト」の起工式。JR東日本の

「旧」と「跡」にダブり感もあるが、この名の施設がもうないという意味と、なくなった建物のあとという意味の両方を表すと考えれば許容できる

こんな例も

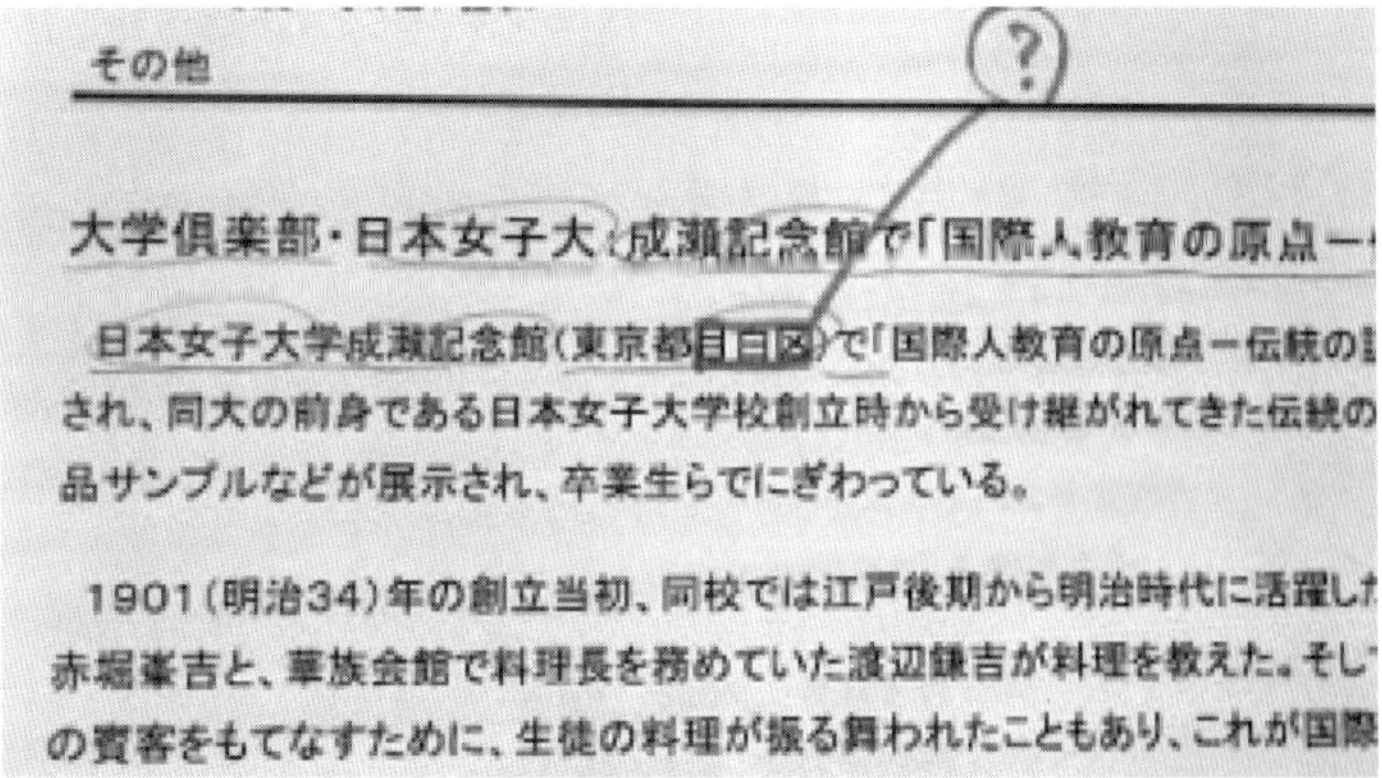

その他

大学倶楽部・日本女子大：成瀬記念館で「国際人教育の原点ー

日本女子大学成瀬記念館（東京都目白区）で「国際人教育の原点ー伝統の
され、同大の前身である日本女子大学校創立時から受け継がれてきた伝統の
品サンプルなどが展示され、卒業生らでにぎわっている。

1901（明治34）年の創立当初、同校では江戸後期から明治時代に活躍した
赤堀峯吉と、華族会館で料理長を務めていた渡辺鎌吉が料理を教えた。そし
の賓客をもてなすために、生徒の料理が振る舞われたこともあり、これが国際

東京に「目黒区」はあるが「目白区」はない。この
記事は「文京区目白台」だったと判明

道府県庁所在地か政令指定都市、また、都道府県名と同じ市は都道府県名を省くことにしている

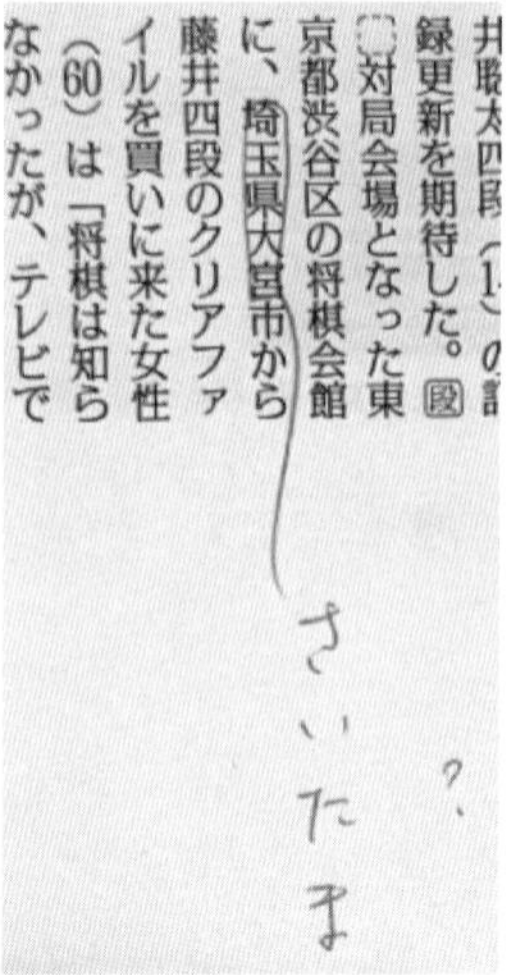
井聡太四段（14）の記
録更新を期待した。
〔 〕対局会場となった東
京都渋谷区の将棋会館
に、埼玉県大宮市から
藤井四段のクリアファ
イルを買いに来た女性
（60）は「将棋は知ら
なかったが、テレビで

あります。「旧ＪＲ品川車両基地跡（東京都品川区）」も怪しいと思って地図を見ると品川駅の北方に広がる土地のようです。出稿元に確認し、港区に直しました。

新宿駅は新宿区にあると述べましたが、２０１６年４月にオープンした新宿駅直結のバスターミナル「バスタ新宿」についての記事で、「『東京都新宿区』とあるのは『東京都渋谷区』の誤りでした」という恥ずかしい訂正を出してしまったことがあります。甲州街道を挟んで南側は渋谷区なので注意が必要です。

校閲の仕事に地図は欠かせません。

緊急時こそ冷静に

地名は不変ではありません。１９９９年に旧合併

特例法改正で合併市町村への財政優遇措置が盛り込まれて加速した「平成の大合併」により、全国で市町村が合併し、多くの「地名問題」が発生しました。

合併からすでに16年たった今でも「埼玉県大宮市」（現在はさいたま市の大宮区など）という誤りを目にしますし、福岡県の宮田町、若宮町が合併して２００６年に誕生した市の名「宮若市」が「若宮市」になってしまう――などなど、校閲記者を泣かせてきました。

東日本大震災では、東北の地図を毎日載せて被害状況などを詳報しました。ちょうど、その数カ月前に図表を担当するデザイン室と協力し、合併を織り込んだ地図を作製していました。都道府県別の地図に最新の市町村名を反映させたので、震災でより時間的に厳しくなった校閲作業の中でも、誤りのない情報を届けるのに役立ちました。

２０１６年４月の熊本地震の際も、校閲に次々来る原稿の中に「熊本県阿蘇村」が紛れ込んでいたことがありました。「阿蘇村」はありませんが、阿蘇町と一の宮町と波野村が合併して２００５年にできた「阿蘇市」もあるので確認したところ、この原稿は「南阿蘇村」でした。緊急時こそ冷静に対処しなければなりません。

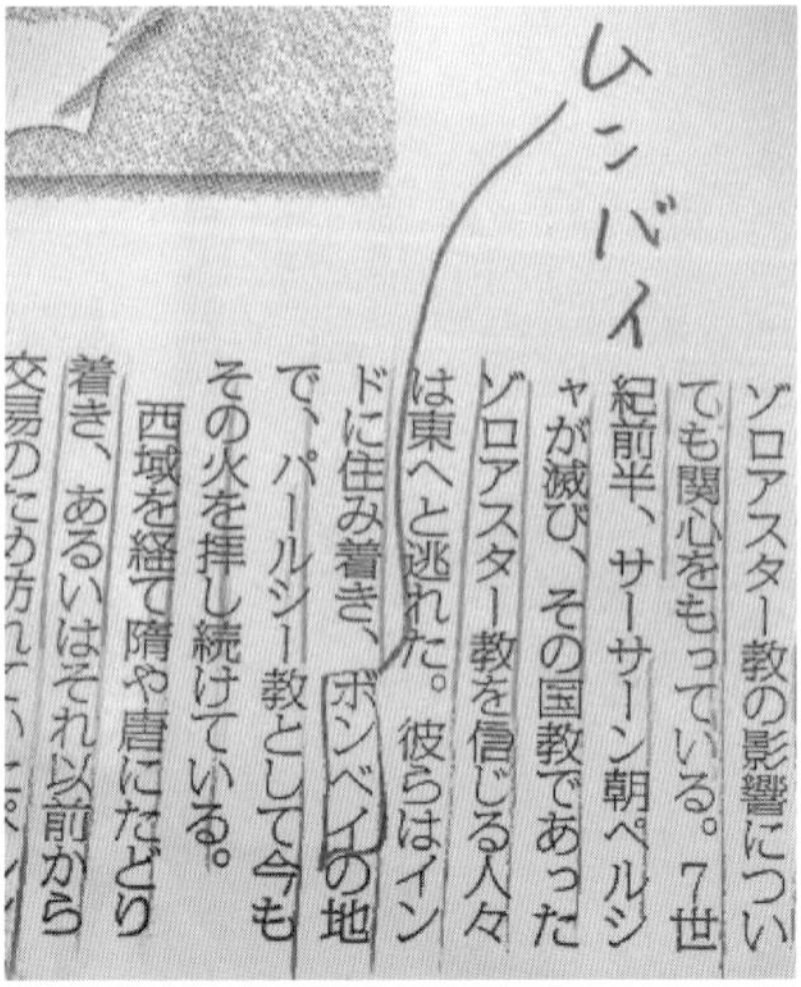
ムンバイ
ゾロアスター教の影響につい
ても関心をもっている。7世
紀前半、サーサーン朝ペルシ
ャが滅び、その国教であった
ゾロアスター教を信じる人々
は東へと逃れた。彼らはイン
ドに住み着き、ボンベイの地
で、パールシー教として今も
その火を拝し続けている。
西域を経て隋や唐にたどり
着き、あるいはそれ以前から

ムンバイはヒンズー教の女神の名にちなむとされる

首都名も揺れる

外国では、かつて植民地だった国で、独立後何年もたってから、都市名を旧称に戻すということがあります。

インド西部の商都「ムンバイ」は「ボンベイ」から改称されたものです。インド政府が改称を発表したのは１９９５年で、日本政府も１９９７年に承認し、総領事館名を変更しています。

ボンベイはポルトガル語の「ボンバイア」（良港、良湾といった意味）が由来です。ポルトガル領から英国領になり、そして１９４７年のインド独立後も長く使われた呼称ですが、ついにもとの呼称に戻ったわけです。

首都でさえ、時々の事情で変更されることもあります。カザフスタンの首都は「アルマアタ」から改称された「アルマトイ」という所にありましたが、１９９７年に北部の「アクモラ」に移転しました。アクモラ自体、「ツェリノグラード」（未踏地開発都市の意味）の名からソ連崩壊後に戻されたものでしたが、「白い墓」の意味もあるため首都にふさわしくないとして、「首都」を意味する「アスタナ」に改称されました。２０１９年にまた改称され、前大統領の名にちなみ「ヌルスルタン」になりました。

基本的には当事国が決めたことに従うわけですが、そう単純にはいかないこともあります。２０１４年、ロシアはウクライナ南部クリミア半島を編入したと一方的に主張しましたが、日本を含む国際社会はこれを認めていません。例えば「ロシア・クリミア半島」といったロシアの一部であるような書き方をするわけにはいかないのです。

4　社名、商品名も要注意

実は商標です

「マジックで名前を書く」。当たり前のように口にするこんな表現も、新聞の場合は「フェルトペンで名前を書く」と書き換えます。「マジック」は「マジックインキ」とともに、どんなものにもよく書ける「魔法のインキ」という意味を込めて名づけられた商標名です。商標権を尊重し、かつ、一つの商品だけを新聞が宣伝することのないように、一般名称を使うようにしています。

左の表のように一般名に書き換えていますが、かえってわかりにくくなってしまわないようにケース・バイ・ケースで工夫していかねばなりません。

ミスは入れ代わり立ち代わり

アルファベットにも泣かされています。

セロテープ → セロハンテープ
〈ニチバン〉

テトラポッド → 消波ブロック
〈不動テトラ〉

バンドエイド → ばんそうこう
〈ジョンソン・エンド・ジョンソン〉

万歩計、万歩メーター → 歩数計、歩数メーター
〈山佐時計計器〉

ラジコン → 無線操縦（装置）、ラジオコントロール
〈増田屋ホールディングス〉

（山かっこ内は商標権者）

✕ＮＫＨ交響楽団 → 〇ＮＨＫ交響楽団

✕日本ＩＭＢ → 〇日本ＩＢＭ

環太平洋パートナーシップ協定
（✕ＴＴＰ）→（〇ＴＰＰ）

「ＮＫＨ」という略称の楽団があるのかもしれないので調べてみましたが、公演日程や場所と照らし合わせると、「ＮＨＫ」でした。実は同様の誤りを見逃して「訂正」になったこともあります。人間の目は自分が知っている言葉に近づけて読んでしまうようです。ちなみにＴＴＰはイスラム武装勢力「パキスタン・タリバン運動」の略称として使われています。

こんな例も

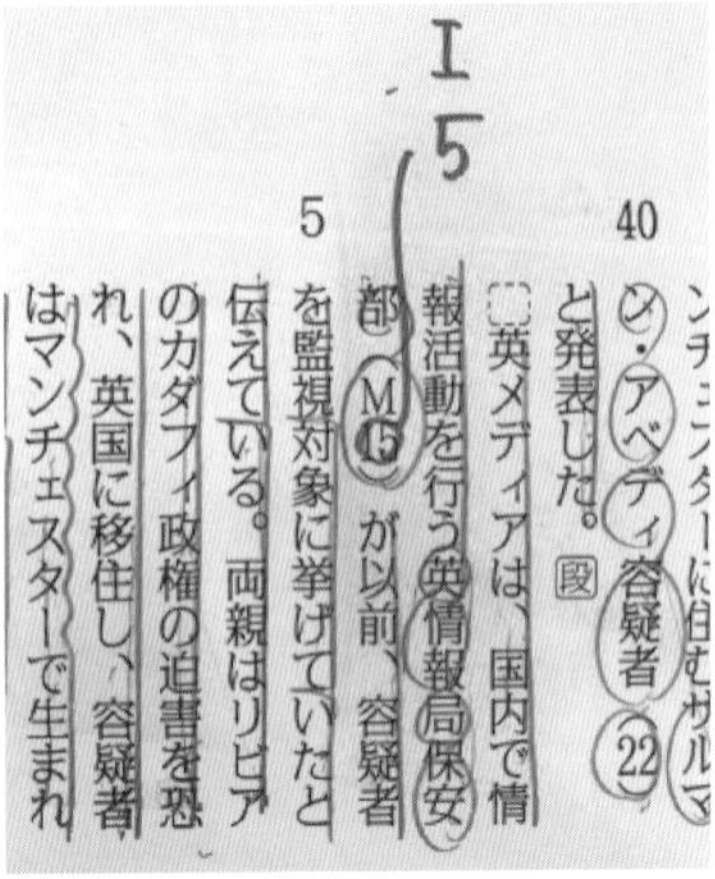
ンチェスターに住むサルマン・アベディ容疑者(22)と発表した。(段)
【英メディアは、国内で情報活動を行う英情報局保安部（M15）が以前、容疑者を監視対象に挙げていたと伝えている。両親はリビアのカダフィ政権の迫害を恐れ、英国に移住し、容疑者はマンチェスターで生まれ

英情報局保安部の略は「M15」ではなく「MI5」。洋数字の「1」とアルファベットの「I」は見分けにくい

こんな例も

民主・長島氏離党へ
小池氏との連携模索

民進党の長島昭久衆院議員（比例東京ブロック）は7日、後援会の緊急総会で、同党を

長職の辞表を松原仁会長に提出しており、10日に党本部に離党届を提出した後、記者会見する。今後は小池百合子都知事が率いる「都民ファーストの会」との連携を模索するとみられる。

民進党では、東京都議選の公認候補予定者36人のうち、長島氏の元秘書を含む7人が

「民進党」がスタートしたばかりのころは、言い間違える議員も

MRJ代替4機調達へ

全日空 ボーイングから

ANAホールディングスが、納入が遅れている国産初のジェット旅客機MRJ（三菱リージョナルジェット）の代替機として、米ボーイングから4機を調

まり、運航効率が低下する恐れもある。

三菱航空機（愛知県豊山町）が開発しているMRJは、燃費の良さと座席数70～90程度のコンパクトな機体が

したが、5回にわたる納入延期で初納入は20年半ばの見通し。当初の予定よりも約7年遅れている。

代替機となるボーイングのジェット機「B

こんな例も

ＡＮＡホールディングスに関する記事の見出しを「全日空」としてよいものか……。全日本空輸の略称はＡＮＡでも、その持ち株会社は「ＡＮＡホールディングス」がフルネーム

コラム 6

張り紙に残る「誤植」

「活版時代」の差し違いのようなものでしょうか。
一枚一枚張るうちに、順番を
間違えることもありますね。
違和感はありますが、正しく伝わるという
意味では「誤り」ではないと
言ってもよいのかしら……。

OPENと0FFを
見比べてみましょう。

（正解）「5O《オー》%」を「50%」に
「0《ゼロ》FF」を「OFF」に

第7章

「再選する」？「再選される」？

文法と文脈

1 「簡潔に」省きすぎると……

「任期を迎え、退任」ちょっと変？

限られた紙面の中で正確な情報をできるだけ多く伝えようとする新聞は、ともすれば言葉足らずになってしまうことがあります。

例えば「来春に任期を迎え、退任の予定」と書かれていれば、「来春に任期満了を迎え」と「満了」を入れなければなりません。「任期」というと、なんとなく「期限」のように見えるからでしょうか、こうした書き方をしばしば見かけます。しかし、任期はある職務にいる「期間」の意味ですから、「任期を迎える」では、これから職務に就く期間が始まるということになってしまいます。「満了」を入れれば期間の終わりを意味しますし、「任期を終え」のようにしてもよいでしょう。

「金銭授受問題で引責するまでの間」という文もありました。「引責する」は責任を取ることですから誤りではありません。しかし、単に「責任を取る」では具体的にどうしたのかわかりません。記者が「責任を取って辞めた」ということまで書いたつもりになっている可能性があ

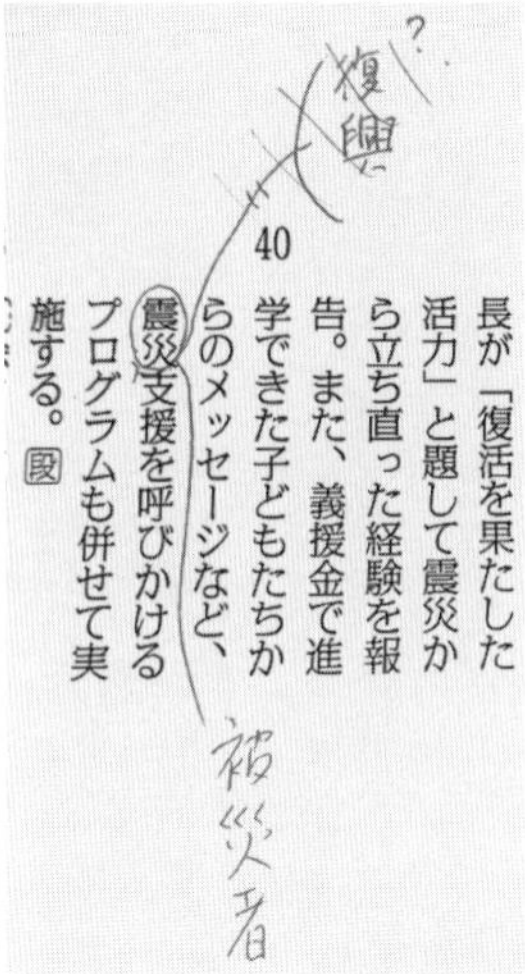
長が「復活を果たした活力」と題して震災から立ち直った経験を報告。また、義援金で進学できた子どもたちからのメッセージなど、震災支援を呼びかけるプログラムも併せて実施する。段

「復興」を入れては？と出稿元に相談したところ、ここでは「被災者支援」と直すことに。こうしてももちろん意味は通じる

るので出稿元と相談したところ、「……引責辞任するまでの間」と直すことになりました。

　では、「売り上げの全額が震災支援のために寄付される」はどうでしょう。

　文字通り読むと、「震災を支援する」というよくわからないことになります。もちろん書いた人の意図は震災による被災者や被災地の復興などを助ける――といったものでしょう。この場合は「復興」を補って「震災復興支援のために」としました。「震災からの復興を支援するために」くらいがよいのかもしれませんが、新聞の校閲では少ない字数で必須の文言だけを補う工夫をしています。大幅に直すことは新たな誤りを生む危険性もありますから、できるだけ少ない「直し」で済むようにということも心がけています。

暴力推進？　省いてはいけない

新聞では、意図的に言葉を省いて短くすることもよくあります。
例えば、「暴力を排除する運動を推進する」は、「暴力排除運動を推進する」と書くことができます。３字しか違いませんが、３字の違いで1行減って、より多くの情報を入れられることもあるでしょう。見出しはさらに字数の制約が厳しいため漢字が続くことが多くなります。しかし、漢字が続くと読みづらくなるだけでなく、気をつけなければ意味が変わってしまうこともあります。

自衛隊員が恐喝容疑で逮捕されたことについての上司のコメントを、次のように直しました。

✕「不祥事の再発に万全を期したい」→ 〇「不祥事の再発防止に万全を期したい」

次のようなものもありました。

✕地域住民の暴力推進運動 → 〇地域住民の暴力排除推進運動

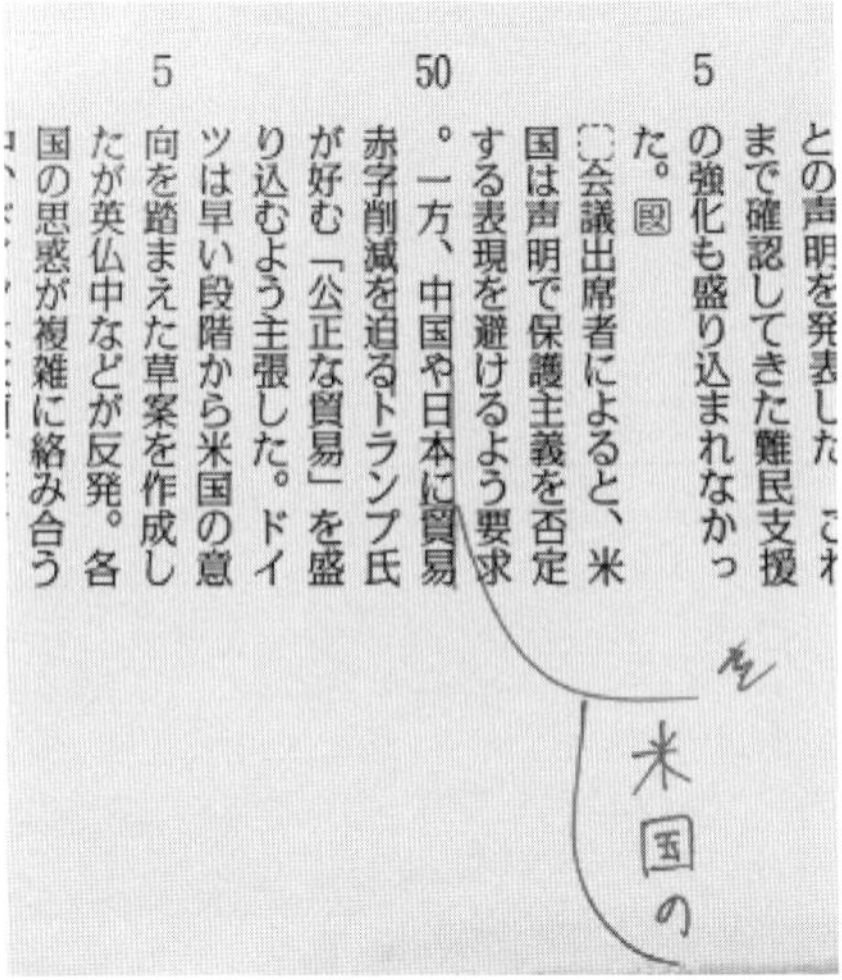
との声明を発表した。こ
まで確認してきた難民支援の強化も盛り込まれなかった。図
□会議出席者によると、米国は声明で保護主義を否定する表現を避けるよう要求。一方、中国や日本に貿易赤字削減を迫るトランプ氏が好む「公正な貿易」を盛り込むよう主張した。ドイツは早い段階から米国の意向を踏まえた草案を作成したが英仏中などが反発。各国の思惑が複雑に絡み合う

誤解されないように「米国の」と入れて修正

さらに、しつこいようでも必要な言葉もあるので気をつけなければなりません。

×トランプ氏は中国や日本に貿易赤字削減を迫っている

○トランプ氏は中国や日本に米国の貿易赤字削減を迫っている

米国のトランプ大統領は「米国第一主義」を掲げており、対中、対日輸出を拡大したがっているので、米国の赤字削減のことかなとだいたいわかりますが、そのまま読めば逆の意味に取れてしまいます。誤解のないように「米国の」と入れました。

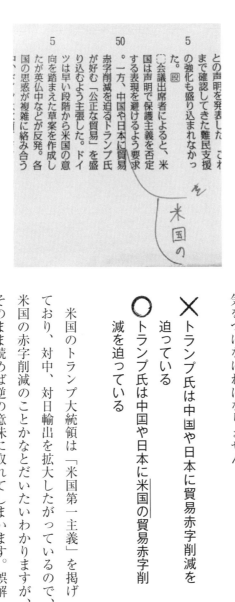

「再選」の用法の推移

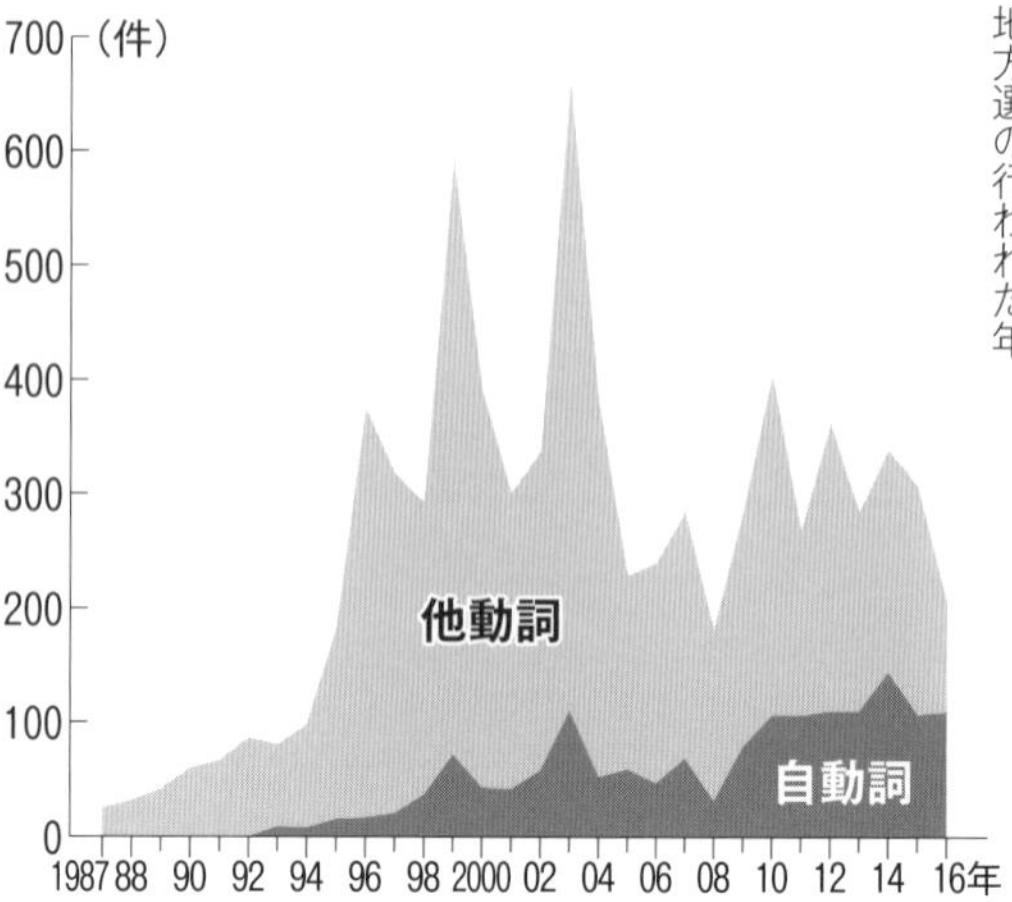

「再選」の用法の推移。自動詞的用法がだんだん増えている。件数が突出して多い１９９９年、２００３年などは統一地方選の行われた年

「再選した」のか「再選された」のか

「選挙で『○○が再選』と書くけれど、あれは『再選した』と続けるのがいいのか、それとも『再選された』と書く方がいいの？」と、他部署の人に聞かれたことがあります。

「再選は『再び選ぶ』だと思うので、当選した人を主語にするなら『再選された』が良いのでは」

その場ではこう答えましたが、改めて調べてみると、そう簡単なことではありませんでした。

毎日新聞の記事を全文検索できる１９８７年以降で、「が再選した」など、明らかに自動詞として使われている例と、「を再選し」「が再選され」といった他動詞的に使われている例の件数を比較してみました。図のように、１９９０年代半ばから自動詞的

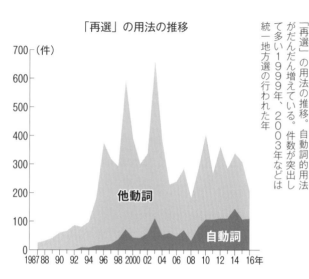

な用例が顕著に増えていることがわかります。

１９８７年以前の記事も見出しの検索はできるので調べてみたところ、１９１６年11月11日の大阪毎日新聞（毎日新聞の前身）での米大統領選の記事に、「ウヰルソン氏は再選し」という自動詞的用法も見つけましたが、やはり１９９０年以前は他動詞的用法が圧倒的だったようです。近年になって自動詞的用法が増えてきたのはどういうわけでしょうか。

割れる（自動詞）― 割る（他動詞）
乾く（自動詞）― 乾かす（他動詞）
直る（自動詞）― 直す（他動詞）

「再選する」のような漢語に「する」をつけて動詞にしたものは、右記のように語尾で判断できる動詞とは違って見た目で区別できませんから、そもそも揺れ動く可能性をはらんでいます。

新聞では字数の制限もあって「○氏が再選。投票率は……」のように体言止めが多用されますし、「○氏が再選を果たした」という本文に「○氏が再選」の見出しがつくこともよくありますます。こうした書き方に慣れて「する」「される」に無頓着になってしまいがちであるという新聞特有の事情もあるのかもしれません。

他動詞的用法から自動詞的用法が派生

「再選」という言葉自体に注目してみます。同じ「再○」という熟語を挙げますと、「再開、再起、再建、再現、再考、再燃、再発、再編」などさまざまにありますが、これらはいずれも「再び○する」という意味です。再選も「再び選ぶ」という他動詞的用法と考える方が素直なようにも見えます。

しかし、新聞では1回目の当選を「初当選」とするように、2回目は「再選」、3回目以降は「3選」「4選」「5選」……と書く習慣があります。「当選」は辞書に「選び出されること」という説明があるように自動詞として使われます。「○氏が初当選した」と書くように「○氏が再選した」「○氏が3選した」と書くことは、不自然でないようにも思えます。「再選」に自動詞的用法が増えてきたことは、全く根拠のない変化というわけでもなさそうです。

一方、他動詞的用法が大きく減ったわけではありません。「他動詞→自動詞」というより、「他動詞→他動詞・自動詞の両方」という流れにあるといえるでしょう。

言語学者の影山太郎さんによると、自動詞にも他動詞にも使われる漢語の動詞は、他動詞的用法が基本で、そこから自動詞的用法が派生すると考えられるそうです。

現在、ほとんどの国語辞典は「再選」を他動詞としており、自動詞としても認めているのは、新しい用法も積極的に採用することで知られる三省堂国語辞典くらいしか見当たりません。当面は紙面でも他動詞として使っていく方が読者の方の違和感が小さいと考えていますが、今後、辞書がどう扱うのか気になるところです。

「たり」が足りない？

次の文に違和感はありますか。

今日は飲んだり歌って、十分に楽しんでください

特に気にならないでしょうか、あるいは、なんだか据わりが悪い、何か足りないような気がするでしょうか。校閲では「今日は飲んだり歌ったりして、十分に楽しんでください」と直します。

この並列を表す「……たり（だり）」について、校閲グループのソーシャルアカウントで触れたところ、多くの反響がありました。日ごろ「後の『たり』はなければいけないのか」という質問を受けることもよくあります。

活用語の連用形につく助詞「たり」は、「飲んだり歌ったり」のような、「……たり……たり」の形で動作や状態を並列して述べるときに使われます。

また、「……たりする」の形で一例を挙げ、ほかにも同様のことがあると暗示するような使い方もあります。

最近のしゃべり言葉では、特に暗示するというわけでなくても「たり」を添えて、遠慮がちに断言を避けることもあります。「そのドアを開けたりしないようにね」と言うと、「そのドアを開けないでね」と言われるより、やや優しい感じがするでしょう。

並列の場合も、「それだけに限定されるわけではないが、という気持ちを含意して」（新明解国語辞典）ということもあるので、あいまいさをはらんだ言葉ということもできるかもしれません。

「たり」が一つあれば、並列とわかるのだから、後の「たり」を省略しても構わないのではないかという意見もあり、実際省略して書かれている原稿をよく目にします。しかし、毎日新聞用語集には、次のように書かれています。

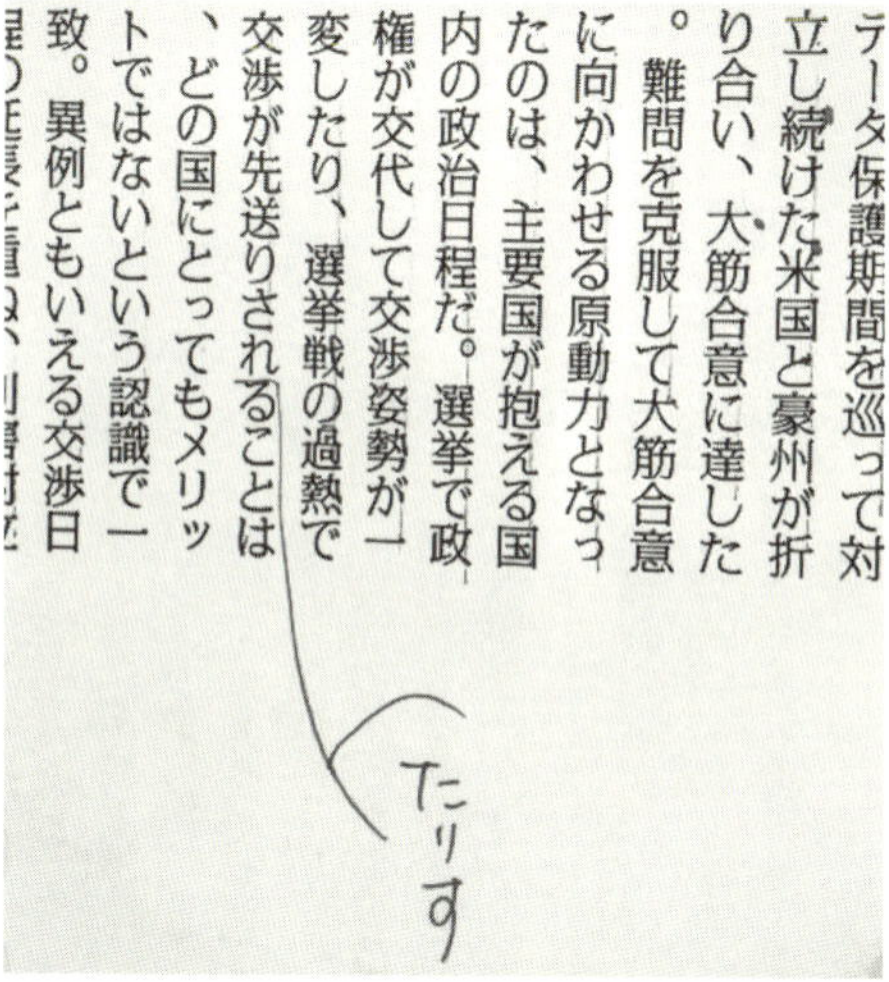
テータ保護期間を巡って対立し続けた米国と豪州が折り合い、大筋合意に達した。難問を克服して大筋合意に向かわせる原動力となったのは、主要国が抱える国内の政治日程だ。選挙で政権が交代して交渉姿勢が一変したり、選挙戦の過熱で交渉が先送りされることは、どの国にとってもメリットではないという認識で一致。異例ともいえる交渉日

3文字も増えてしまうが省略しない

「脅したりすかしたり」のように「たり」を重ねるのが基本形。「遊んだり学ぶのを手助けする」のように後の「たり」がないと、「遊ぶ」と並立させているのが「学ぶ」か「手助けする」か不明確なので、列挙の場合はできるだけ「たり」を繰り返す。

上の例では長い一文にいくつものことが盛り込まれており、「選挙で政権が交代して交渉姿勢が一変したり、選挙戦の過熱で交渉が先送りされたりすることは、どの国にとってもメリットではない」とする方が並列させる部分が明確になり、わかりやすくなるでしょう。

新聞はやはり情報を読者にわかりやすく伝える必

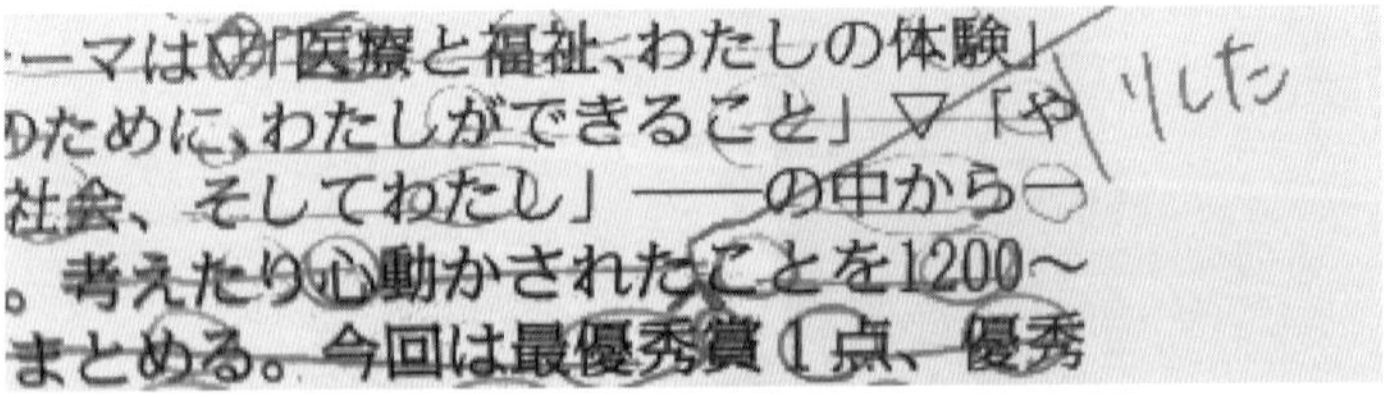
ーマは▽「医療と福祉、わたしの体験」
のために、わたしができること」▽「や
社会、そしてわたし」――の中から一
。考えたり心動かされたことを1200～
まとめる。今回は最優秀賞1点、優秀

「考えたこと」と「心を動かされたこと」が並列であることを表す

要がありますから「たり」を省略しない方がいいということになります。

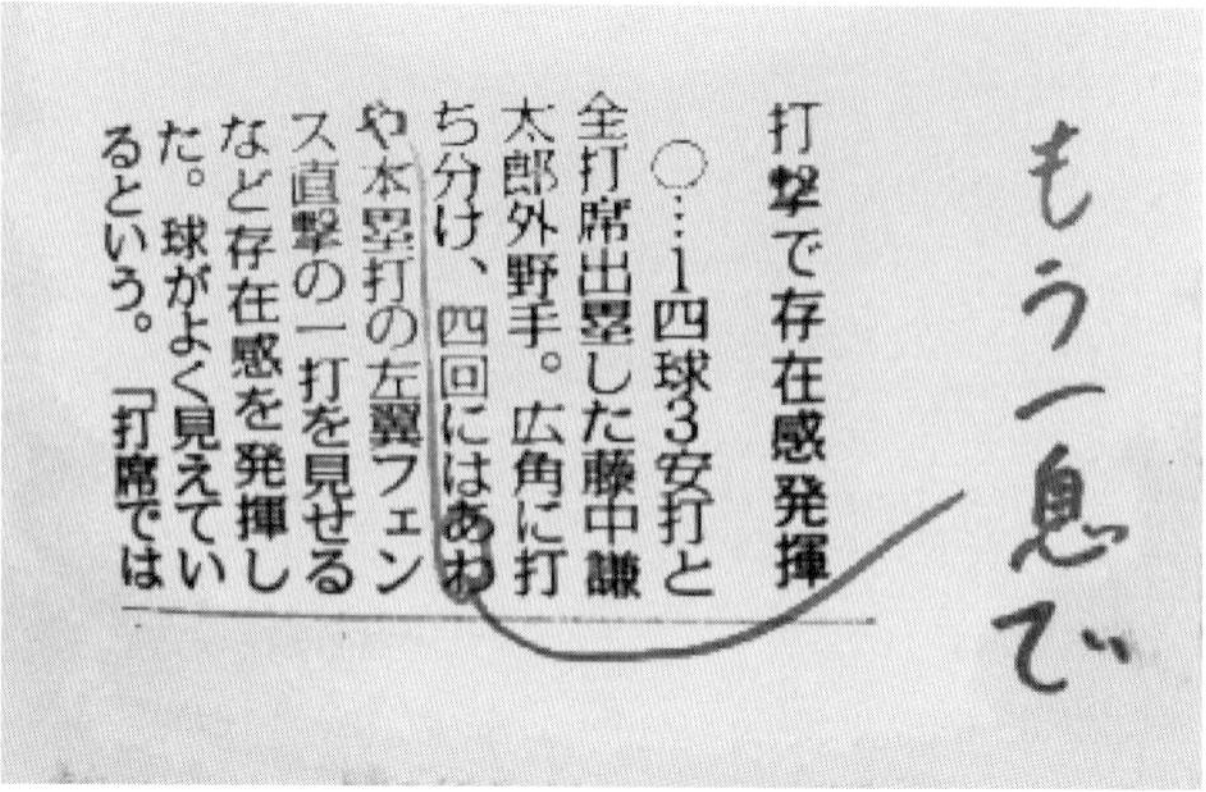

打撃で存在感発揮
○…1四球3安打と全打席出塁した藤中謙太郎外野手。広角に打ち分け、四回にはあわや本塁打の左翼フェンス直撃の一打を見せるなど存在感を発揮した。球がよく見えているという。「打席では

「あわや」本塁打は、守備側から見た気持ち

2　副詞一つで文脈が変わる

「あわやホームラン」はだれの気持ち？

主として動詞・形容詞・形容動詞の用言を修飾して状態、程度などを表すのが副詞です。副詞を駆使することによって表現に広がりを持たせることができますが、こんな一文が野球の記事にありました。

（打者が）四回にはあわや本塁打の左翼フェンス直撃の一打を見せるなど……

「あわや」は、「危うく・すんでのところで……するところだった」という意味で使います。「もう少しで」という意味では合っていますが、「そうなら

なくてよかった。危なかった」という気持ちが入る言葉で、「惜しいところで」とは違います。例えば、この場合は「もう一息で」と直せば、「もう少しだったのに惜しかった」という気持ちが表せるでしょう。

同じ場面で、守備側の視点で書くならば、次のようになるでしょう。

四回には、あわや本塁打という左翼フェンス直撃の一打を浴びた

本塁打にならなくてよかった、ほっとしたという様子がうかがえます。

ほかにも、誤りやすい副詞はいろいろあります。

どの旋律にもすべからく和声の変化を聴いていることが……

「すべからく」は「当然（すべきことには）」「ぜひとも」といった意味ですが、「すべ」があるからか「すべて」という意味で使ってしまうことが多いようです。

この例でも「すべて」の意味で使っていると思われますが、「すべて」などと直すとくどく

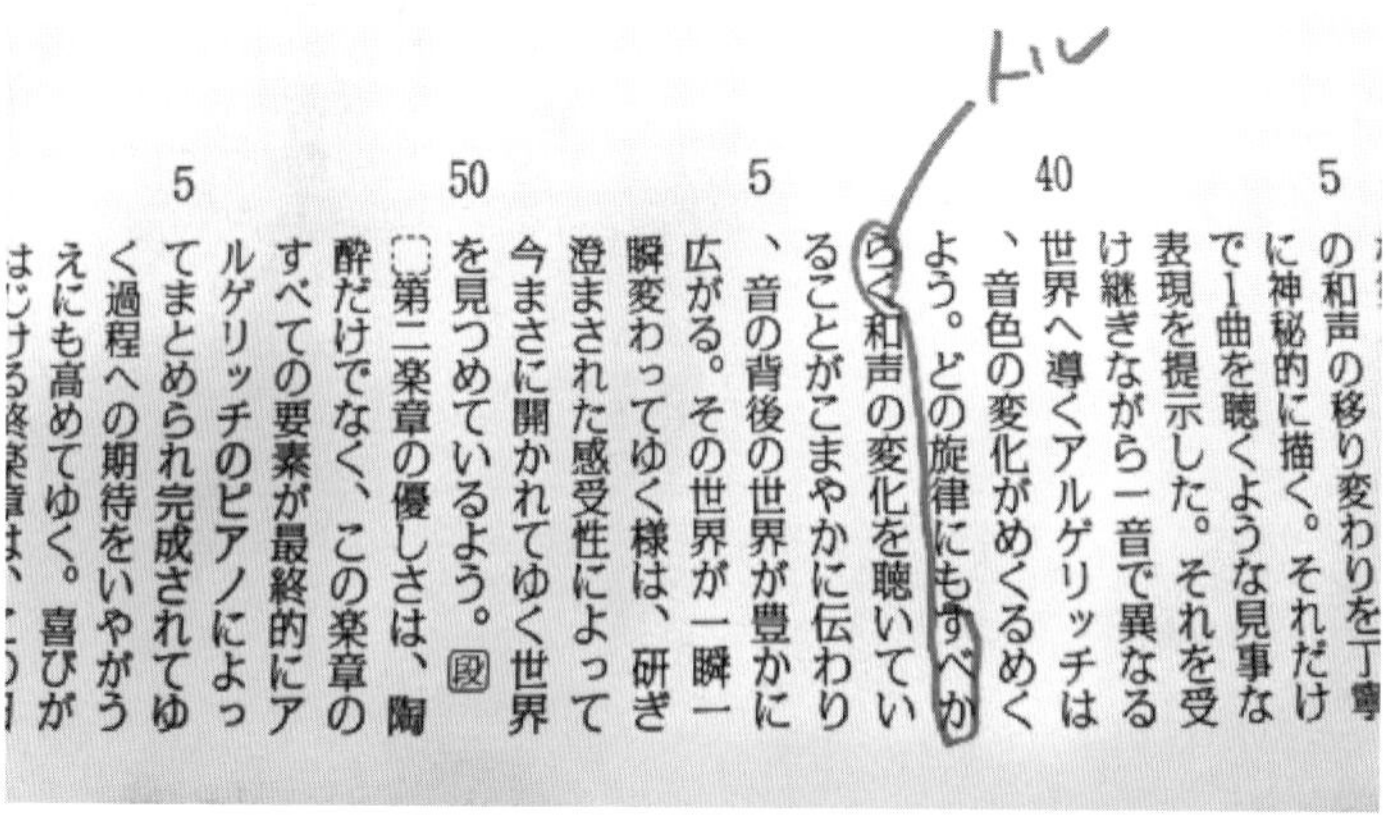

の和声の移り変わりを丁寧
に神秘的に描く。それだけ
で1曲を聴くような見事な
表現を提示した。それを受
け継ぎながら一音で異なる
世界へ導くアルゲリッチは
、音色の変化がめくるめく
よう。どの旋律にもすべか
らく和声の変化を聴いてい
ることがこまやかに伝わり
、音の背後の世界が豊かに
広がる。その世界が一瞬一
瞬変わってゆく様は、研ぎ
澄まされた感受性によって
今まさに開かれてゆく世界
を見つめているよう。段
第二楽章の優しさは、陶
酔だけでなく、この楽章の
すべての要素が最終的にア
ルゲリッチのピアノによっ
てまとめられ完成されてゆ
く過程への期待をいやがう
えにも高めてゆく。喜びが

「すべて」の意味で使ってしまった「すべからく」

なりそうなので、出稿元と相談の上、「すべからく」の部分がなくても文意は伝わるだろうと判断し、削除という直しに至りました。

また、語感が似ているために間違えやすいものに、「やおら」があります。

彼はやおら立ち上がった

やおらは「ゆっくりと」「おもむろに」という意味です。「やにわに」と混同してか、逆の「急に」「唐突に」の意味で使われることがあります。おもむろに立ち上がったのか、唐突に立ち上がったのか……確かめなければなりません。

3 なぜかよくある直し

早いと速いの使い分けで「訂正」

校閲記者は日々同訓を書き分ける直しをしていますが、簡単なようで迷うものに「はやい」があります。

速い……スピードがはやい
早い……時間的に前である

「彼女は朝、職場に一番はやく着いた」といったら「早く」でしょうし、「彼女は歩くのがはやい」なら「速い」でしょう。しかし、ある人が「彼女ははやいなあ」と言った場合、歩くのが「速い」のつもりか、着いたのが「早い」のつもりかで表記が異なります。

さて、2015年10月、梶田隆章さんのノーベル物理学賞受賞が決まり、素粒子ニュートリノに質量があることを実証したという業績について説明する記事が載りました。

星の進化 探る糸口

ニュートリノに質量があることは、何を意味するのか。期待されるのが、宇宙の成り立ちの解明だ。

スーパーカミオカンデなどでの観測の結果、ニュートリノの質量は電子の100万分の1より軽く、質量がある物の中で最も軽いことが分かってきた。ただし、質量が極めて小さい素粒子には、極めて質量が大きい「相棒のような素粒子」（梶田氏）があるとされる。こうした素粒子は現在ではほとんど存在できないが、極めて巨大なエネルギーの中では存在したと考えられている。つまり、ニュートリノの質量の由来を知ることは、ビッグバン直後の宇宙の姿を知ることにつながる。

また、ニュートリノを使って天体や宇宙を観測する「ニュートリノ天文学」にも期待がかかる。太陽よりも巨大な星は死ぬと超新星爆発を起こす。この時、爆発エネルギーの99％はニュートリノとして放出されることが分かっている。さらに他の物質とほとんど反応しないため、光よりも速く星から飛び出す。87年に小柴氏らが観測した超新星爆発のニュートリノも、光より速く地球に届いていた。

梶田氏らはスーパーカミオカンデを改良し、超新星爆発由来のニュートリノ観測にも取り組む計画だ。「星や宇宙の進化が分かる可能性がある」と夢を描く。

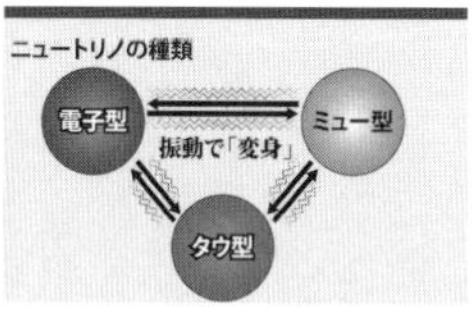

県飛騨市の東
山口政宣撮影

光より「速い」物質が存在？

> 太陽よりも巨大な星は死ぬと超新星爆発を起こす。爆発で放出されるニュートリノは光よりも速く星から飛び出す。

こういった内容の文について、翌日「『光よりも速く』などとあるのは『光よりも早く』の誤りでした」という訂正記事が載ってしまいました。

光よりも速いスピードで飛ぶのではなく、光よりも先に飛び出す、つまり光よりも「早く」飛び出すという意味で書かれた文でした。

「早い」でなければ、光よりも速いものがこの世に存在することになってしまうのです。

「早い」「速い」の書き分け一つで訂正となってしまった

拉致被害者の家族は高齢化している。政権への期待は強まるものの安易な妥協は許されない状況で、打開策は見つかっていない。

　安全保障面では、安保関連法が来年3月までに施行されれば、自衛隊は集団的自衛権の行使など新たな任務の実施が可能となる。武器使用権限が拡大した国連

方は強い。防衛省幹部は「法整備までの勢いから一転しローギアに入っている」と語った。【仙石恭、飼手勇介】

訂正　7日朝刊「梶田氏ノーベル賞　星の進化探る糸口」の記事で「光よりも速く」などとあるのは「光よりも早く」の誤りでした。

部下を「いさめ」はしない

　校閲として、直しを入れる頻度の高いものがあります。いくつかご紹介しましょう。

・べき「だ」

「『丁寧に議論すべき』と強調した」と書かれていれば、校閲は「……議論すべきだ」のように直します。「べき」は「べし」の連体形で、終止形ではありません。「べし」ならよいのですが、文語になってしまいますから、新聞ではそれも避けて、「べきだ」「べきである」にします。頻出するため、毎日のように何かしらの原稿で直しています。

・いさめる

厳しく注意するようなとき、親から子であろうが先生から生徒であろうが、強そうな語感から「いさめる」を使った文を見かけます。

本来は「忠臣が主君をいさめる」というように、目下の者が目上に忠告することです。立場が逆ならば、例えば「息子をたしなめる」「生徒に……と言って諭す」「弟子を戒める」のように直し方はいろいろあります。

・過半数を超える

「過」がすでに超過することを意味しますから、さらに「超える」ではおかしいということになります。「過」を削除すれば簡単に解決するのですが、選挙の記事でいつも悩まされます。

議会では採決などの際、議席が半数であることと、半数より一つでも多い過半数であることの差は大きく、「過半数」という言葉が欲しいことが多いからです。場面に応じて「過半数に達した」「半数を大きく上回る」などと工夫しなければなりません。

こんな例も

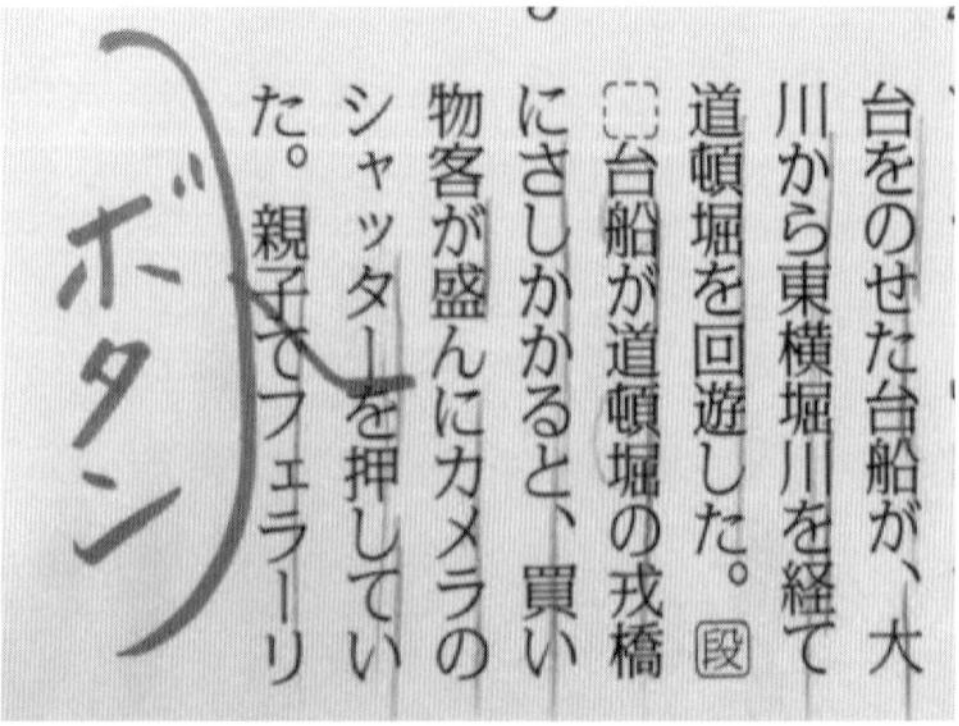
台をのせた台船が、大
川から東横堀川を経て
道頓堀を回遊した。段
台船が道頓堀の戎橋
にさしかかると、買い
物客が盛んにカメラの
シャッターを押してい
た。親子でフェラーリ

カメラのシャッターは「切る」もの。「押す」を生かすために「シャッターボタン」にした

・追撃

「終盤、2本塁打などで追撃したが、逃げ切られた」「2社の提携で、業界最大手を追撃する」など、原稿によく見かけます。しかし、「敗走する敵・劣勢にある敵を追いかけてさらに攻めること」が本来の意味です。どちらの例も、相手が負けたわけではないので「終盤、2本塁打などで追い上げたが、逃げ切られた」「2社の提携で、業界大手を猛追する」のように直します。

「優勢なほうを追い落とそうとすること」（三省堂国語辞典）という新しい語釈を加える辞書も出てきており、スポーツ紙などでは容認しているところもあるようですが、毎日新聞としては今のところ本来の使い方に限定するようにしています。

「ら抜き言葉」は今や多数派

「見れる」と「見られる」では、どちらを使いますか。

文化庁の２０１５年度「国語に関する世論調査」では、いわゆる「ら抜き言葉」である「見れる」「出れる」を普段使うという人の割合がそれぞれ48・４％、45・１％と、「見られる」「出られる」の44・６％、44・３％を上回ったという結果が報告されました。

五段活用の動詞は「しゃべる」なら「しゃべれる」のように助動詞を使わずに可能動詞がつくれますが、例えば上一段活用の「見る」の可能形は助動詞を使って「見られる」となります。この後者の可能形から「ら」が抜けて「見れる」のように言うと「ら抜き言葉」と呼ばれます。

国語学者の金田一秀穂さんは２０１７年１月の毎日新聞で、次のように述べています。

> 実は五段活用の動詞にも「ら抜き」と同様の活用変化があった。昔は「眠る」の可能形は「眠られる」となっていたが、江戸時代ごろに抜け落ちたようだ。明治の古い日本語の文法書にも、そのように記載されている。かつて五段活用の動詞に起きた変化の波が、今になって上一段活用の動詞に及んできたとも言える。

「言語学者の仕事は、言葉がどう変化していくかを観察すること」と言う金田一さんは、「ら抜き言葉」についても「『ああ、変わってきたのか』とは思うが、乱れているとは思わない」と述べる一方、次のようにも語っています。

ただ、書き言葉で使われると気になる。定着度がさらに進んだと感じるからだ。スポーツバーの張り紙で「サッカー日韓戦見れます」と書いてあったら、考えてしまうに違いない。

校閲記者も、あくまで対象は新聞紙面の記事であり、あらゆる日本語を正そうなどと考えてはいません。不特定多数の方が目にし、後々まで残る書き言葉であるからこそ、できるだけ多くの方に違和感を持たれないような書き方に努め、多くの方にとってわかりやすい言葉を選ぶようにしているのです。校閲記者も、普段話すときは「しゃべり言葉」を使うわけです。

「さ入れ言葉」を使わ「さ」せていただきます?

2015年度の「国語に関する世論調査」では、「休まさせていただきます」「伺わさせます」といった「さ入れ言葉」についても調査しています。
「明日は休ませていただきます」……79・6％「明日は休まさせていただきます」……16・8％
「担当の者を伺わせます」……75・5％「担当の者を伺わさせます」……20・7％
「どちらの言い方を普段使うか」という問いに対する回答です。文法として問題のないのは前者ですが、「日本語を大切にしているか」という質問に対して「大切にしている」と答えた層の方が、「大切にしていない」層よりも「休まさせて」を使う人の割合が高いという結果も出ました。
文化庁は、「余計な『さ』を入れる表現は、改まった場面で出やすいとされる。より丁寧に表現しようとして使ってしまうのだろう」としています。
他者に何かをさせる「使役」の助動詞には「せる」と「させる」があります。「せる」は五段活用、サ変活用の動詞の未然形につき、「させる」はそれ以外の動詞の未然形につきます。

伺う（五段活用）の未然形「伺わ」＋「せる」＝伺わせる
見る（上一段活用）の未然形「見」＋「させる」＝見させる

「ください」をつけたいなら、「伺わせてください」でよいはずなのに、「伺わさせてくださ い」と「さ」を入れてしまうのが「さ入れ言葉」です。

「見る」の場合は、「見させる」＋「ください」で「見させてください」となります。一方、「見せる」という「見えるようにする」意味の下一段活用の動詞もあります。そこで、わざわざ「見る」に使役の助動詞をつけて言うのではなく、「見せる」の連用形「見せ」＋接続助詞「て」＋「ください」の「見せてください」も使われます。

同世論調査の同様の設問では

「絵を見せてください」……59・6％
「絵を見させてください」……32・7％

となりました。「さ入れ」を使うか使わないかの差よりも、「見せてください」を使う人と「見させてください」を使う人の割合の差の方が小さいという結果が出ています。

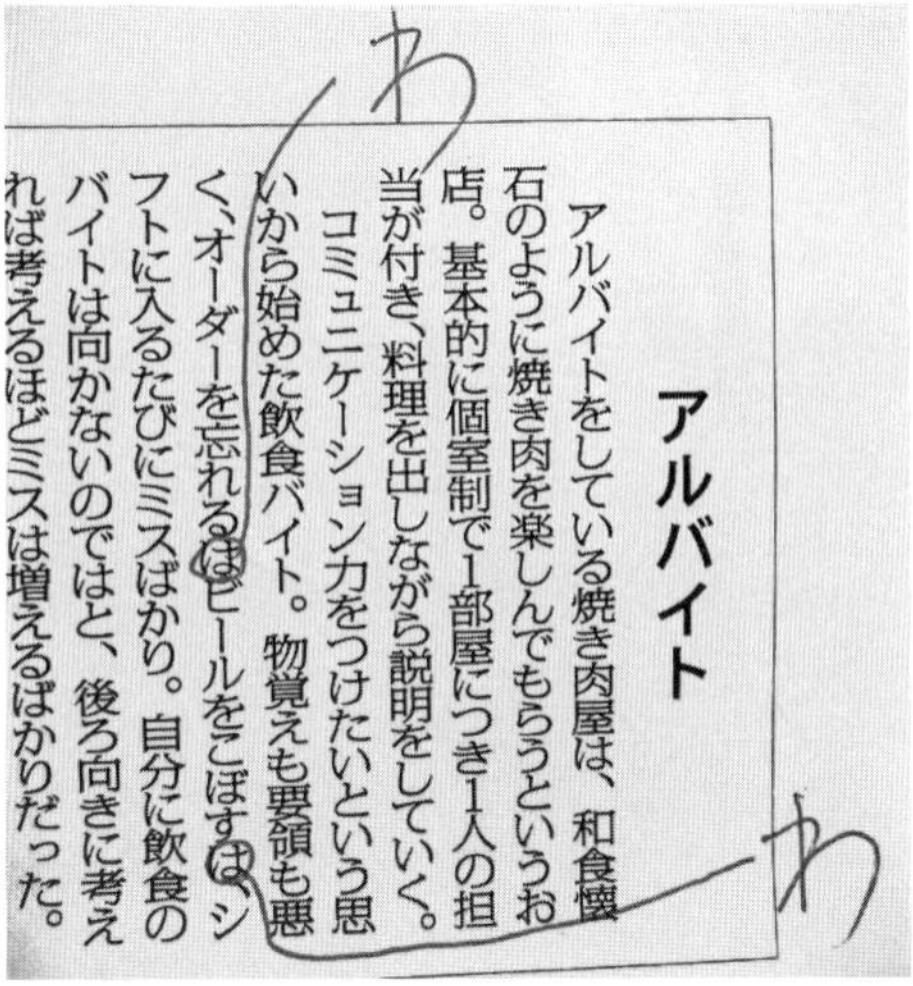
アルバイト

アルバイトをしている焼き肉屋は、和食懐石のように焼き肉を楽しんでもらうというお店。基本的に個室制で1部屋につき1人の担当が付き、料理を出しながら説明をしていく。

コミュニケーション力をつけたいという思いから始めた飲食バイト。物覚えも要領も悪く、オーダーを忘れるはビールをこぼすは、シフトに入るたびにミスばかり。自分に飲食のバイトは向かないのではと、後ろ向きに考えれば考えるほどミスは増えるばかりだった。

毎日新聞校閲グループのツイッターでこの例を紹介したところ記録的なリツイート（拡散）数に

最後まで気を抜かずに……助詞の仮名遣い

「オーダーを忘れるはビールをこぼすは……」という文の「は」を、校閲では「わ」に直します。なぜでしょう。

新聞表記は内閣告示の「現代仮名遣い」に沿っており、学校教育も、発音のまま表記する現代仮名遣いを原則としています。

例外も明記されています。例えば、「私は手紙を書く」のいわゆる「てにをは」である「は」と「を」です。これは歴史的仮名遣いの名残です。発音通り「わ」「お」と書くと文節の切れ目がわかりにくくなるといった理由で抵抗が強かったのでしょう。

さて、写真の「は」に戻りましょう。これは言葉の後につけて驚きなどを表すものですから、「てにをは」の「は」とは違います。ですから現代仮名遣いの原則通り「わ」と書くのです。

一方、コンニチワと発音するあいさつの言葉ですが、これはもともと「今日はご機嫌いかがですか」「今日はよいお天気で」といった文の後半が省略されてできたものです。「てにをは」の「は」なので例外規定が適用されて「こんにちは」と書くわけです。

ただ、既に「今日は……」と言っている意識は薄れており、一つのあいさつの言葉として独立しているという観点からは、「こんにちわ」と書いてもよいのではないかという意見が出てくるかもしれません。

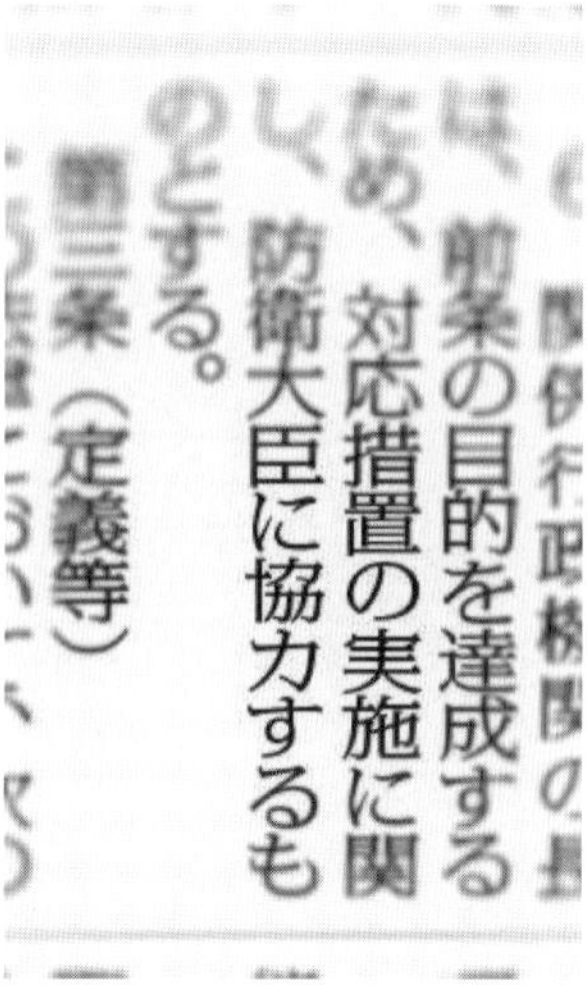

「協力」。よくよく見ると片仮名の「カ」。気づいたのは人間ではなく校正支援システム

4　コンピューターで校閲は楽になるのか

カと力の違いを見分ける力

取材・編集部門のパソコンに「校正支援システム」を搭載する新聞社が増えています。原稿の文字や文をコンピューターが分析して、誤りや用語の決まりの違反があれば指摘してくれるという、いわば夢のようなシステムです。

このシステムは①誤っているので直す②新聞の日本語として不適切なので直す――といったルールを「辞書」と呼ばれるファイルに登録しておくと、コンピューターがそれに基づいて指摘するというものです。

毎日新聞では、①としてよく出てくる誤りを登録しています。「福田赳夫元首相」と原稿中に出てくれば、校正支援システムが誤った「赴夫」（正しくは「赳夫」）部分の指摘をしてくれます。

「羽昨市→羽咋市」のような似て非なる文字や、「大阪府伊丹市」→「兵庫県伊丹市」のような都道府県と市町村の組み合わせの誤り、「和服を来ていた」→「和服を着ていた」のように名詞と動詞の組み合わせがおかしいもの、さらに「1億5000万円」→「1億5000万円」と0が一つ多いようなものも指摘できるようにしています。工夫次第でいくらでも増やせそうです。

ただ、登録した誤りについては的確に指摘してくれて便利ですが、これまで紙面に登場したことのない固有名詞が誤っている場合などには手も足も出ません。

どう書きたかったか推理する

見た目はそれらしい文章なのに、どうもつじつまが合わないような気がする……。そんなとき、校閲記者はどこか言葉が違うのではないか、本当はどう書きたかったのだろうと推理します。

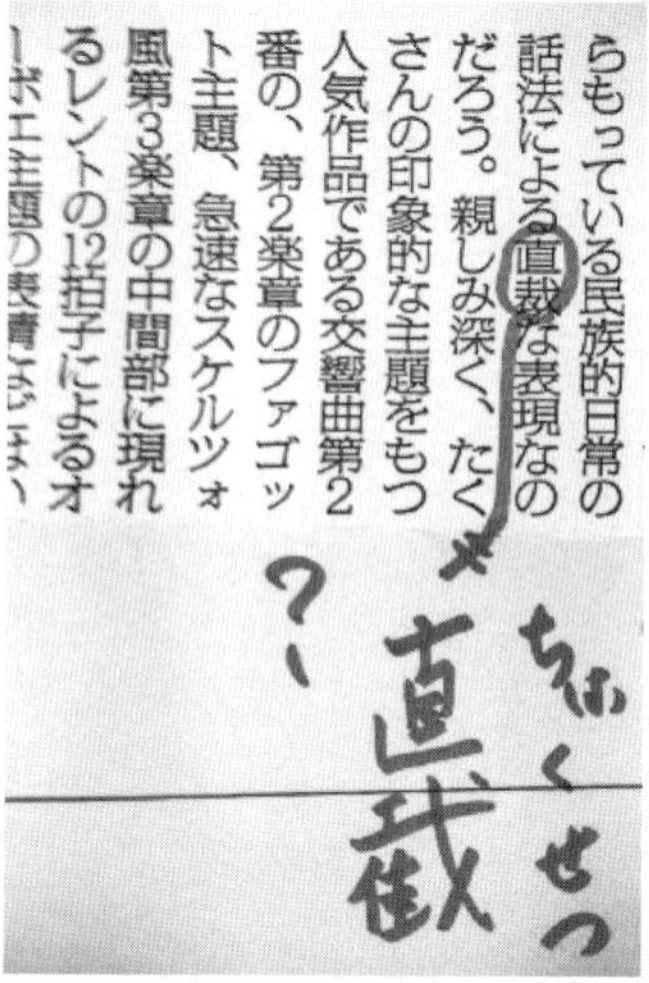
らもっている民族的日常の話法による直裁な表現なのだろう。親しみ深く、たくさんの印象的な主題をもつ人気作品である交響曲第2番の、第2楽章のファゴット主題、急速なスケルツォ風第3楽章の中間部に現れるレントの12拍子によるオーボエ主題の

「ちょくさい」と打てば「直裁」と変換してしまう恐れがあり、「ちょくせつ」と打てば「直接」となることもあり……

> ……のサウンドは、このオーケストラがおのずからもっている民族的日常の話法による直裁な表現なのだろう。

音楽評論家の書いた専門的な文なのでかなり難しい表現をしています。とはいえ、「直裁」は辞書によると「ただちに裁決すること、本人が自ら裁決すること」という意味です。「直裁な表現」といわれてもピンときませんし、そもそも一般的な言葉ではありません。

どういう意味だろうとしばらく考えて、「直截《ちょくせつ》」ではないかと思い至りました。まわりくどくなく、はっきり言うことという意味があり、「直截な表現」もわかります。

「ちょくせつ」と読む直截ですが、辞書には「『ちょくさい』は慣用読み」と書かれ、「ちょくさい」と打って変換すると「直裁」「直截」の両方出てきてしまいます。

次の文はどうでしょう。

> 日本側が乗用車の関税の早期撤廃を求める一方、欧州連合側はチーズの全面的な完全撤廃を要求して譲らず……

再校したデスクは「全面的」「完全」のダブり感に首をひねりましたが、慌ただしさに紛れてそのままにしかけたところ、初校で読んでいた頭の軟らかい若手が「もしかして、完全じゃなくて関税じゃないですかね」と声を上げました。

確かに、文の流れで関税の話であることはわかりそうではあるものの、ここにも「関税」の言葉があった方がよさそうです。急ぎ出稿元に確認したところ打ち間違いと判明、「完全撤廃」を「関税撤廃」に直すことができました。

また、こんなこともありました。

「850万円をトレイに置き忘れた」というくだりが出てきました。

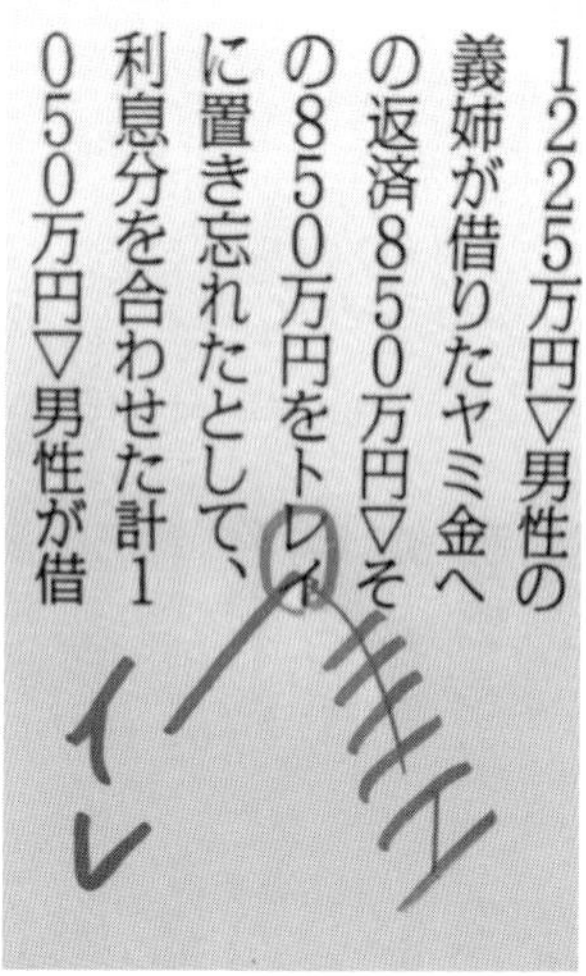
1225万円▽男性の義姉が借りたヤミ金への返済850万円▽その850万円をトレイに置き忘れたとして、利息分を合わせた計1050万円▽男性が借

正解は「トレー」ではなく「トイレ」だった

初校者が用語基準に従い「トレイ」を「トレー」に直そうとしたところ、小学生男子の心を失わない（？）50代デスクがレとイのひっくり返った「トイレ」のことではないかと気づき、確認のうえ、無事直すことができました。

ここでの「用語基準」とは、「エイ」の音は「エー」と書くという、毎日新聞の外来語表記の原則に基づきます。

校正支援システムも、原則に従って「トレイ」を「トレー」に即座に直すでしょう。しかし、この記事の場合は事実関係の誤りでした。もしも校正支援システムによってトレイがトレーに先に修正されていたら、ひっくり返りでもなくなって推理がしづらくなったかもしれません。また、校正支援システムでは「『トレー』では何か足りない。何かにおう」

という直感も働かないのです。

頼もしい相棒か、仕事を奪うライバルか

校正支援システムの「辞書」には、②として毎日新聞用語集に基づいたルールを登録しています。

例えば、常用漢字表にない「辻」は固有名詞以外に原則として使わないことにしており、これを登録しておけば、原稿の「辻立ち」を「『つじ立ち』に直してください」と指摘してくれることになります。しかし、人名の「辻さん」まで「『つじ』に直してください」と指摘され、煩わしいことになってしまいます。

また、同字異音語の問題もあります。用語集にのっとると、菓子の「もなか」は仮名書きですが、「辞書」に「最中→もなか」と登録すると、「格闘の最中」までが「『格闘のもなか』に直してください」と指摘されてしまうのです。

前後にある語によって指摘させたりさせなかったりと工夫することはできますが、現状では必要なときだけ指摘させ、同時に誤指摘を全くなくすことはほぼ不可能です。

以上のように、校正支援システムが校閲記者の代わりをするには力不足で、あくまで編集・

校閲部門の作業量を減らすためという補完的な位置づけです。

ただ、人工知能（ＡＩ）が入ってくれば、様相は一変するかもしれません。ＡＩに膨大な量の文章を「学習」させて、不可能と思われた「必要なもののみ指摘」「誤指摘なし」に近づけていくのです。もしかしたら、校閲記者がしているような「推理」もできるようになるかもしれません。

そんな想像をしながら……たとえＡＩによって誤りが激減したとしても、校閲記者がさまざまな原稿を必死に読み、どこにあるかわからない思わぬ誤りをゼロにすべく格闘する日々は続くだろう――そうとしか思えないのです。

コラム 7

現役校閲記者の短歌

最後に紹介したいのは、毎日新聞大阪本社校閲グループに属する沢村斉美《まきみ》（2007年秋入社）の歌集「galley（ガレー）」（青磁社、2013年刊）から、新聞制作に関わる歌の部分です。

校正と歌人といえば、東京朝日新聞の校正係だった石川啄木が有名ですが、沢村も2006年に角川短歌賞、2008年に現代歌人集会賞、現代短歌新人賞を受賞した実績のある歌人です。その第2歌集のタイトルは、校正用の「ゲラ刷り」のゲラが英語ではgalleyで、ガレー船のことをも指すことからきています。

本人のあとがきによると「新聞社の校閲記者として日々原稿やゲラに向かっているが、なぜゲラというのだろうと思った」。そして「活字と、ガレー船で櫂《かい》を握る人々の姿は、どこか似ている」というイメージへと思いをめぐらします。

2011年の東日本大震災の記事をめぐる歌も含まれています。そのゲラに埋もれる日々、一人の校閲記者が何を感じながら仕事をしていたか、想像していただければ幸いです。

午前0時を越えて体力充ちてをり大連立不発の記事を読み直す

遺は死より若干の人らしさありといふ意見がありて「遺体」と記す

訃報記事の切り抜きはわれの仕事にて朝刊にまづさがす黒太傍線

1段ベタ2段顔付き見出し付き死にスタイルがあてがはれゆく

ゲラの載る机に遠き通勤路トラックが細き木を運びゆく

ガレー船とゲラの語源は galley とぞ　波の上なる労働を思ふ

「被爆」と「被ばく」使ひ分けつつ読みすすむ広島支局の同期の記事を

死に至る基準をグラフに確かめる被ばく線量の単位はグレイ

八月は被爆と野球に追ひまくられ眼痺れるころ朝刊が成る

われもいつか骨と呼ばれむひしひしと字を読み続けし眼も失ひて

人の死を伝へる記事に朱を入れる仕事　くるくるペンを回して

うち重なるゲラのいづれも不慮の死を伝へてをりぬ白き灯下に

人を刺したカッターナイフを略すとき「カッター」か「ナイフ」か迷ふ

七行で済みし訃報の上の方、五十行を超えて伝へきれぬ死あり

文字として過ぎてしまつた人の死を　缶コーヒーは手を温める

4段目後ろから6行目誤りのある訃報記事を赤でかこめり

われはすなほに力を欲す誤りをつひに直さざりし記者を前に

プリンターの用紙トレーから目を上げる十四階は霧の仕事場

政権が徐々に潰えてゆく日々を追ひつつ誤字を一つも出さず

電卓に積む死者の数は今夜二度増えたり明日の朝刊に載る

「震」といふ字は敏感に忌避されつ震災ののちのスポーツの記事

声のなき涙ながれてゐる頬をあやしみてぐつとゲラへうつむく

「コンセントを抜く」は間違ひ「プラグを」と直して節電の貼り紙とす

やはりさういふ紙面にならざるを得ない　被ばく牛と被爆者の並ぶ夏

大ゲラを睨みゐし身を起こすときかなしデスクの瞬《しばたた》くまなこ

八時間赤ボールペン使ひたる手を包む泡がももいろになる

震災の紙面削りつ蚕らがくはの葉いちまい食べをへるごとく

なにくはぬ顔せる文字をいぢめぬき廃せり赤きこのペンのさき

死者の数を知りて死体を知らぬ日々ガラスの内で校正つづく

おわりに

本書は、毎日新聞校閲グループ運営のインターネットサイト「毎日ことば」とツイッター（mainichi_kotoba）などで発信した文章を基にしています。

ツイッターで発信を始めたのは２０１１年5月ですが、２０１７年7月31日現在、ツイッターのフォロワー（読者）は4万８０００人以上で、日々さまざまな声が寄せられています。こんなに反響があるとは思ってもみませんでした。

例えばツイッターを始めた当初、「20数人」「１００有余年」といった表記をどう思うか読者に聞いたところ、多数の反応がありました。

「横書きだと『20数人』も抵抗ないかも」

「横書きでも『数百人』など一つのフレーズとして定着しているものは漢数字」

「『十数人』と書いたら『10数人』に直された。気持ち悪いからって」

「算用数字は具体的な値じゃないと違和感」

――などなどです。

毎日新聞では、「二十数人」など数値をあいまいにした表現は漢数字で書くようにしていますが、読者にとってはどちらでも大した問題ではないのではないかという思いもありました。実際には気にしている読者が多いとわかったことは、双方向のツイッターのおかげです。読者からのツイッターを見ると「洋数字」という書き方は少なく、「算用数字」「アラビア数字」と書いている方が多いということも、ちょっとした発見でした。

新語・俗語も積極的に採用する三省堂国語辞典は2014年の第7版で、「中の人」を載せました。「一般の人に顔を見せないで仕事をしている人」という意味とともに「公式ツイッターの―」という用例も示してあります。

もともと新聞は、記者が顔を見せるということはなかったのですが、毎日新聞は「顔の見える新聞」を目指し、他社に先駆けて記事に署名を多用したり、「記者の目」という欄で記者の本音を発信したりといった取り組みをしてきました。それでも、テレビなど新聞以外のメディアに顔を見せるようなことはほとんどなく、まして取材に出るわけではない校閲という部署はまさに「中の人」です。

それが、ツイッターなどで発信することが多くなるにつれ、「中の人」が顔を出すことも多くなりました。校閲グループの私たちも、社内のデジタル部門、写真映像部門の協力を得て「毎日ことば90秒」という動画を約1年半で50回配信しました。普段黙々と作業する「中の人」がカメラに向かってしゃべる姿は、たどたどしさも含めて新鮮だったのではないでしょうか。

記事は人が書いており、人はそもそも間違えるものです。同じような誤りはだれにもありうることなのですが、その割に、誤りの典型例が一般に知られているとは言い難い実態があります。

私たち「中の人」があえて顔を出し、直しの実例を公表したのも、日々言葉を使う中で意外と間違えるものだということに気づいていただき、「正しい日本語とは何か」ということを心のどこかに留めていただければという思いからです。

「正しい日本語」といっても、何が正しいかという決定的な規範を示すことは難しく、しかも言葉は移り変わっていくものです。しかし、その中であがきつつ可否を判断したり、基準を設けたりするのもまた人です。たくさんの人が使ってこその言葉ですから、ツイッターなどを通したご意見も参考にしつつ、今後も皆さんと模索を続けていきたいと思っています。

最後に、ツイッターのフォロワーの方々、「毎日ことば」のサイトを訪れてくださる方々、毎日新聞読者の方々、毎日新聞出版の峯晴子さんをはじめこの本に携わった方々にお礼を申し上げます。ありがとうございました。

２０１７年７月31日

毎日新聞校閲グループ

※　毎日新聞「校閲グループ」は２０１８年10月、「校閲センター」に改称しました。

この本にかかわった毎日新聞校閲記者（50音順）

岩佐義樹、植松厚太郎、宇治敏行、大木達也、大竹史也、大西咲子、軽部能彦、甲木那緒、斎藤美紅、沢村斉美、塩川まりこ、高木健一郎、田村剛、中村和希、幅真実子、林田英明、平山泉、松居秀記、水上由布、宮城理志、渡辺静晴、渡辺みなみ

ブックデザイン　宮坂佳枝
編集協力　柴崎あづさ
DTP・図表　光邦
校正　毎日新聞校閲グループ

著者紹介

毎日新聞校閲グループ

東京本社は情報編成総センター校閲グループに40人余り、大阪本社は編集制作センター校閲グループに30人余りの校閲記者がいる。

原則として広告などを除く全紙面について記事のチェックをしており、いわば新聞の「品質管理部門」。主に原稿との照合や字句の誤りを正す「校」の部分と、原稿の事実関係や内容に踏み込んで精査する「閲」の部分とがあるが、書籍などと比べてかなり短時間でこなさなければならないのがつらいところ。朝刊作業は深夜になるため生活は「夜型」である。

校閲《こうえつ》記者《きしや》の目《め》
あらゆるミスを見逃《みのが》さないプロの技術《ぎじゆつ》

第 1 刷　2017年 9 月 5 日
第 7 刷　2022年 7 月 1 日

著　者　毎日新聞校閲《まいにちしんぶんこうえつ》グループ
発行人　小島明日奈

発行所　毎日新聞出版
〒102-0074 東京都千代田区九段南1-6-17 千代田会館5階
営業本部：03 (6265) 6941
図書第二編集部：03 (6265) 6746
印　刷　精文堂
製　本　大口製本

©THE MAINICHI NEWSPAPERS 2017, Printed in Japan
ISBN978-4-620-32463-0

乱丁・落丁はお取り替えします。

本書のコピー、スキャン、デジタル化等の無断複製は著作権法上での例外を除き禁じられています。